山本七平と「仕事の思想」

私たち日本人の「働き方」の源流へ

森田健司 著
Kenji MORITA

PHP

緒言

かつて、社会・人文科学の分野で、日本の近代化について活発に議論されたことがあった。その最盛期といえるのは一九五〇年代後半~七〇年代前半で、日本が驚異的な復興を遂げる中、そもそもこの国は如何にして近代化を成功させたのか、これが改めて問われることになったのである。

一般に、西洋史における近代は、政治的には市民革命、経済的には産業革命の遂行によって開始されると考えられている。もちろん、この二つの革命が同時に生じるわけではないが、概ね近い時期に行われ、それによって「自由・平等・博愛」を旨とする近代が成立するとされる。現代は、質的に考えれば近代と地続きにある。

世界で最も早い時期に近代化を遂げたのは、間違いなくイギリスである。市民革命は、ピューリタン革命(一六四九)と名誉革命(一六八八~八九)によって達成され、産業革命は紡績機や蒸気機関の登場によって始まったと目されることから、概ね十八世紀半ばのことと考えられる。すなわち、十八世紀半ばには、イギリスにおいては近代が開始されていたのである。

この時代、日本では江戸時代の中期だった。かつては閉鎖的で、発展の乏しい封建時代と捉えられていた時期である。それでは、日本の近代は、いつ頃始まったのだろうか。これが実は、判然としない。それは、西欧にはあって当然の、市民革命と産業革命が、日本の歴史に見当たらないからである。

かつては、明治維新が市民革命に相当するとされたこともあった。しかし、史料に基づく歴史学によって、その実態が明らかになると、江戸から明治への変化を革命と捉えるのは難しいということがわかった。そして、これに付随して、そもそも明治維新とは何なのか、という議論まで生じたのである。現在は、ペリー艦隊の来航（一八五三）から西南戦争（一八七七）までを、広く明治維新とする見方が標準になりつつある。明治維新は、市民革命からますます遠ざかってしまった。

それでは、日本における産業革命はいつなのか。これは、西洋の衝撃（ウエスタン・インパクト）によって成し遂げられたものと長い間考えられていたが、江戸時代後期の日本の状況が解明されるにつれ、その説の力は弱まっていった。江戸時代後期に、日本は相当発展しており、これは日本側の史料のみならず、ペリー艦隊やそれ以降に来日した人々による記録からも明らかとなったからである。

そもそも、西洋の優れた科学技術によって日本に産業革命が起きたのであれば、アジアやアフリカ諸国も、同じような時期にそうならなければ理屈としておかしいはずである。しかし、列強が接触した後、驚くほど短期間で経済的発展を遂げたのは、日本だけだった。論理的に考えれば、少なくとも江戸時代の後期には、技術的指導さえあれば、いわゆる近代的な産業に対応できる労働者が育っていたとする他ない。

以上のような経緯で、江戸時代の経済や文化への関心が高まることとなった。加えて、戦後、急速に復興が進んだこともあり、それを可能とした日本人の精神性について、世界的に研究が進められたのである。このような時代背景の下、一九五七（昭和三十二）年に刊行されたのが『徳川時代の宗教』（原題：*Tokugawa Religion*）だった。著者は、若きアメリカ人社会学者のロバート・N・ベラー（一九二七〜二〇一三）である。タルコット・パーソンズに師事した彼は、ウェーバー流の近代化論を用い、同書で江戸時代の思想と経済の関係を分析した。その結果として、日本が列強からの刺激を受けた後、急速に経済的発展を遂げた原因の一つとして、江戸時代中期に生まれた思想「石門心学」を挙げたのである。

『徳川時代の宗教』は、早くも一九六二（昭和三十七）年に『日本近代化と宗教倫理』の名で日本語版が出版された。その後、日本でもこの説に対する議論が巻き起こる。なお、石門心学と近代化の関係を最も強力に否定したのは、思想史学者の丸山眞男（一九一四〜九六）だった。このような議論の影響によって、日本国内においても、江戸時代の思想についての研究が増え始める。また、思想と近代化との関連を考察することが、一つのムーブメントとなったのである。

山本七平（一九二一〜九一）の『日本資本主義の精神』と『勤勉の哲学』は、共に一九七九（昭和五十四）年に出版されている。つまり、日本近代化論が最も盛り上がった時期からは少し時間が経っていたが、この頃、他の理由からも日本の注目度は高まっていた。それは、他国に比べて、日本人の労働者が明らかに「過労」であることだった。労働時間の長さはもちろん、その内容についても、欧米からみると、日本人は「異常」だった。

「ワークライフバランス」など、まだ言葉としても存在していない時代だったが、この過労は、次第に国内でも問題視され始めることとなる。果たして自分たちは何故ここまで懸命に働くのか――それを自問する声が高まったのである。山本が発表した二書は、まさにこのような疑問に答えるものだった。それらは、日本における「仕事の思想」を系譜学的に考究した内容を持っていたからである。

山本の『日本資本主義の精神』は、副題が「なぜ、一生懸命働くのか」であり、『勤勉の哲学』のそれは、「日本人を動かす原理」だった。これだけをみても、二書の方向性が類似していることがわかる。近代化論に接近しているのは前者だが、時事的な話題も散りばめられ、比較的読み易いものとなっている。

しかし、後者については、形としては一般書だが、意外といってよいほど難解である。それは、こちらが完全に思想史学の形式に則った議論を行っている上、大きく取り上げている思想家が、不干斎ハビアン、鈴木正三、石田梅岩、布施松翁、鎌田柳泓《りゅうおう》で、当時ほとんど知られていなかった面々だからである。おそらく現代においても、梅岩以外は、それほど知名度が高くはないだろう。しかも驚くことに、今挙げた思想家の中に、山本は一つの「流れ」を発見し、繋げていったのである。その論理は、彼以前には誰も示したことのないものだった。

そして、これは『日本資本主義の精神』にもいえることだが、同書で展開されている山本の「仕事の思想」に関する議論を理解するためには、少なくともイザヤ・ベンダサン名義の『日本教徒』（一九七六）と『受容と排除の軌跡』（一九七八）を読んでおく必要があった。これらの書において、山本は不干斎ハビアンという奇妙な宗教家について、極めて詳細に語り、この人物が何故、日本の思想を語る上で重要なのかを説明しているからである。

発売された当時、おそらくこれら二書の内容をしっかり理解した読者は多くなかったはずである。しかし、ある程度、専門的な研究に通じていた一部の人々は、山本の提示した「仕事の思想」に少なからぬ衝撃を受けることとなった。その代表が、後に山本と対談本も出版する、社会学者の小室直樹（一九三二〜二〇一〇）である。

彼は、山本の没後に刊行した『日本資本主義崩壊の論理』（一九九二）において、舌鋒鋭く次のように記している。

> 七平氏は「日本資本主義の精神」研究の嚆矢（はじまり）であり、いままでのところ唯一の存在である。しかも、その業績は超電導研究のごとく、専門家の協力を得て育成繁茂することはなかった。欠点が是正され、内容が彫琢《ちょうたく》（みがきをかける）されることもなかった。生前のマルクスのごとく、フロイトのごとく七平氏は、学者、研究者から無視され続けてきた。ジャーナリズムの処遇も偏頗《へんぱ》（まったくもって不公平）である。七平氏の仕事で満天下の注目を集めた作品は多いが、日本資本主義の精神の研究は、殆ど閑却《かんきゃく》（なおざりにされていた）されたに近かった。［小室 1992：7］

これをみると、少なくとも山本の「仕事の思想」に関する研究は、アカデミズムで冷遇されていたようである。議論された上で否定されたのではなく、検討さえされていなかったと、小室は憤る。このような思いから、小室は同書において、社会学の専門的知識を用い、主に『日本資本主義の精神』の学問的な整理を行ったのだった。

しかし、分量的制約もあってか、『日本資本主義崩壊の論理』における紙幅の多くは、ウェーバーの近代化論と鈴木正三に関する内容になってしまっている。よって、山本が展開した「ハビアン・正三—梅岩」の系譜学などについては、議論が及ぶことがなかった。

山本の『日本資本主義の精神』と『勤勉の哲学』の内容は、学問分野でいえば思想史学に最も近い。同分野の書といえる『現人神の創作者たち』(一九八三)は、既に多くの専門家から高い評価が下されているものの、この二書はあまり顧みられないままである。その最大の理由は、取り扱われている思想について、専門的に研究する者が少ないことだろう。

このような問題意識を携え、本書は、山本の「仕事の思想」を思想史学から整理することを試みたものである。もちろん、彼が取り上げた膨大な論点を、この一書で完全に網羅することは不可能である。そこで、彼の議論に沿いながら、諸々の思想の系譜を明らかにすることに力点を置いた。具体的には、ハビアンと正三に始まり、梅岩によって確立され、さらに松翁を含む石門心学に受け継がれていく思想を、「仕事」という観点で考究することとした。そして最後には、この流れはそのままに、渋沢栄一を取り扱っている。

ここで突然に渋沢が登場することを、不審に思う向きもあることだろう。山本には『近代の創造』(一九八七)という、渋沢を扱った大部の書がある。これは渋沢の全人生を扱ったものではなく、第一国立銀行を開業する一八七三（明治六）年までで終わっているが、単なる評伝を超えた内容であり、特に青年期の渋沢が、江戸の伝統的な思想からどのような影響を受けたか、深く理解できるものとなっている。

渋沢には数多くの著書（口述書含む）をはじめとして、思想を読み解くための史料が山ほど残されている。もし、山本がもう少し長くこの世に留まることができていたなら、渋沢の前半生のみではなく、全人生における「仕事の思想」について、一書を物したことは間違いない。明らかに、彼は「ハビアン・正三―梅岩―石門心学」の流れが、渋沢に継承されていると考えていたからである。

そのため本書では、実業界を引退した後に渋沢本人が開示した思想を、山本の観点やツールを用いて、解釈してみることにした。これは、渋沢の思想史学的読み解きであると同時に、江戸と明治の精神を繋ぐ試論でもある。私には荷の重い作業となったが、結果として、通常の渋沢論ではまずお目に掛かれない切り口が提示できたと自負している。ただし、それが説得力を持ち得るものとなったかどうかは、読者諸氏の判断に委ねるしかない。

山本は『勤勉の哲学』で、彼が日本の「仕事の思想」を歴史的に考える意義も明確に記している。日本人は勤勉とされることが多いが、その「理由」を、当事者である私たちがほとんど答えられない事実を記した上で、彼は次のように述べていた。

問題は単に外部に対していかに答えるかと言うことではない。われわれ自身が、それに答え得る形で自己を把握してはじめて、自己の伝統が呪縛にならず、これを制御しかつ活用しうる。そしてそれをなしうることが、将来への発展への基盤であることは言うまでもない。戦後の日本はこの点において全く盲目であり、盲目であるが故に、自己がなぜこの成果をあげ得たかも理解できねば、それにどういう将来があり得るかの予測も不可能になっている。だが将来を目指すならまずこの状態から脱却せねばならない。［山本 1979a：9-10］

過去の思想を知ることは、私たちを律している「意識せざるもの」を、正しく把握することに繋がる。すなわち、「仕事の思想」の来歴を知ることは、何よりも今後の日本、そして私たち一人ひとりのために他ならない。

＊なお、日付に関しては、明治五（一八七二）年までは全て旧暦、明治六（一八七三）年以降は新暦としている。また、本書に登場する人物の年齢については、江戸時代までに生まれた人物は「数え年」、明治時代以降に生まれた人物は「満年齢」で記した。

山本七平と「仕事の思想」 私たち日本人の「働き方」の源流へ 目次

装丁◉上野かおる

序章　山本七平が捉えた日本人の「仕事の思想」

——その慧眼に映し出された輪郭を辿る

「戦場のように忙しい」という言葉があるが、確かに戦場ほど忙しい所はない。また皮肉な話だが、戦場ほど、人間が極限まで、文字通りぶっ倒れるまで働きつづけ、動きつづける場所はない。これは体験者にとっては、だれでもが感ずるちょっと不思議な現象で、収容所でもよく話題になった。「戦場でやるぐらい一心に働けば、だれでも財閥になっちまうだろうなあ」とか「あれくらい一心に研究すれば、だれでもノーベル賞がもらえるだろうなあ」などとよく言い合ったものである。実際、戦争の半分働けば、だれにでも三人分ぐらいの仕事はできるはずである。〔山本 1975b：31〕

山本日本学と「暗黙知」

山本七平（一九二一〜九一）とは、一言で表現するならば「日本の本質」を解明することに身命を賭した人だった。

現在でも、ある程度以上の規模の書店に入れば、彼の書は数多く陳列されている。何度も版を重ねたものだけではなく、特定のテーマに沿って再編集されて世に出たものもある。本人の死から三十年もの月日が経過しても、彼の書が読み継がれているのは、時代が異なっていても、日々を懸命に生きている者に確かな知恵を与えてくれるからに違いない。

山本の筆は、常にこの世界の「目には見えない部分」に切り込もうとする。そして、そこに潜む「暗黙知」と呼ぶべきものの存在を、類稀なる言葉の力によって指し示すのである。その際、理解を助けるために効果的な造語も数多く生み出した。「日本教」、「実体語・空体語」などは、代表例といえるだろう。

その彼が論壇で活躍した期間は、意外なほどに短い。かの『日本人とユダヤ人』（イザヤ・ベンダサン名義）でデビューしたのが一九七〇（昭和四十五）年、実に四十九歳のときである。執筆活動は六十九歳で終わるので、ここからわずか二十年ということになる。しかし、その間に執筆された原稿量は、常人ならば一生かけても到達できないほど膨大なものだった。

山本の書は、生前に出版されたものに限ると、単著が五十二冊、共著が九十七冊、対談集が五十六冊、そしてベンダサン名義の単著が五冊ある（複数巻構成の書も一冊と計算）。驚嘆する他ない。なお、病床にあったときの『病床つれづれ草』以外、彼が口述筆記に頼ったことはなく、全て自筆で原稿用紙に書き込まれたものだったという。

一体、山本は如何にして、これほどまでに数多くの書を完成させることができたのだろうか。評伝『怒りを抑えし者』において、著者の稲垣武（一九三四〜二〇一〇）は次のように記している。

れい子夫人によると、執筆生活に入ってからは、徹夜で原稿を書き、朝に帰宅すると家族と共に朝食を食べ、昼過ぎまで寝て、また山本書店に出勤する。そして書店の経営実務や原稿読み、ゲラの校正などをして、夜にはまた執筆活動に入るといった一日のサイクルだったらしい。［稲垣 1997：425］

ここで登場した山本書店とは、山本が経営する出版社のことである。そう、彼の「本業」は小規模な出版社の経営だった。この仕事は、執筆活動を開始した後も続けられていたのだから、その多忙振りは想像を絶するものがある。なお、山本書店からは、自身が翻訳を手掛けた書も六冊出版されている。

彼はまた、依頼された講演会もほとんど断ることがなく、精力的に各地に出掛けていったという。生来身体が強くなかった上、三十四歳で胃の全摘手術を受けたこともあり、激務をこなすのは難しい状態だったにも拘わらず、である。まさに、命を削っての活動だった。果たして、彼を尋常ならざる力で突き動かしていたものは、一体何だったのか。

キリスト教と戦中・戦後体験

一九二一（大正十）年、山本七平は現在の東京都世田谷区三軒茶屋で、長男として生を受けた。父親の文之助は当時、台湾電力で働いていた。上に姉二人、後に妹一人が生まれている。山本の誕生日は十二月十八日だが、その前月には総理大臣だった原敬が東京駅で刺殺されている。後の昭和天皇が摂政に就いたのも、十一月のことだった。

山本の家は、代々キリスト教徒だった。彼自身も、生涯を通じて敬虔なキリスト教徒であり続けている。このことは、彼の言説を読み解く上で極めて重要な事実である。

キリスト教は、現時点においては最大の世界宗教で、全人類の約三分の一を信者として抱えている。日本人にとっても決して縁遠い宗教ではないはずだが、日本人の信者数となると、一九〇万九七五七人に過ぎない［文化庁編 2020：49］。全人口の約一・五パーセントである。つまり、日本におけるキリスト教徒は、疑念の余地なく相当なマイノリティといえる。

山本がキリスト教を自覚的に受け止め始める契機の一つとなったのが、教会の日曜学校だった。これは、彼の生活の一部になっていたと同時に、聖書に関する知識を着実に獲得する場にもなっていたという。一九三四（昭和九）年に青山学院中等部に入学してからは、青山学院教会の日曜学校に通い、五年間一度の欠席もなく、繰り返し皆勤賞を授与されている。この日曜学校は中等部卒業で終了することとなるが、その後に一度、教師に誘われて教団が河口湖で行った夏期

「日曜学校教師講習会」に参加している。

山本は、この講習会で「生涯忘れ得ない三つの講義を聞いた」という。一つ目が「ギルガメシュ叙事詩と聖書との関係」、次が「聖地の地理と歴史」、そして最後が比較宗教学に関するもので、「主として日本の伝統的宗教とキリスト教の対比、また平田篤胤におけるキリスト教の影響」を扱ったものだった。

いま思うと、この三つが結局、私の生涯の主題になっている。もちろんそこに至るまでに、多くの先生からさまざまの感銘をうけ、それらの主題に深く関心をもちそれを持ちつづけうる素地を造っていただいたことは否定できない。［山本 1992：61］

キリスト教徒であったことと並んで、山本の考え方に決定的な影響を及ぼしたものは、戦争体験だった。いや、より正確を期すならば、戦中・戦後の経験とした方がよいだろう。

一九三九（昭和十四）年、彼は青山学院高等商業学部に入学した。しかし三年後の一九四二（昭和十七）年、戦争の影響によって、一年繰り上げで卒業となる。同年には徴兵検査を受けて第二乙種合格となり、十月に召集されて東部十二部隊近衛野砲三連隊に入った。ただし、彼には肋膜炎の病歴があったために、結核の疑いをかけられ、内務班ではなく保護兵ばかりの特別訓練班所属となった。その後に試験を受けて、甲種幹部候補生に合格し、豊橋第一陸軍予備士官学校に入学している。一九四四（昭和十九）年五月には、下関から輸送船に乗ってフィリピンに向かい、七月には第一〇三師団砲兵隊に予備役野砲少尉として編入された。

彼が軍の中で目にしたのは、まさしく日本社会の縮図だった。特に、軍の上級指揮官は、自身の決定した作戦が明らかな失敗に終わっても、当初の考え方自体は決して改めることがなく、その場限りの新しい命令を出して、部下たちを徒に疲弊させた。彼らは、遂に致命的な事態が到来するときまで、見方の枠組みを変更することができなかったからである。土壇場まで目が醒めない彼らに、山本は日本人の典型を感じ取ったという。

終戦を迎えたとき、彼はフィリピン北部のルソン島にいた。その後は捕虜収容所に入り、一九四六（昭和二十一）年十二月、マニラ発の船に乗って九州の佐世保に帰り着く。彼の過酷という他ない戦争体験は、日本軍三部作と呼ばれることになる『ある異常体験者の偏見』（一九七四）、『私の中の日本軍』（一九七五）、『一下級将校の見た帝国陸軍』（一九七六）にまとめられた。

復員後、山本は一気に日本社会の価値観が変転していることに気づき、驚き呆れることとなる。神国と聖戦への興奮から、民主主義と平和の礼賛へ。その変化は、啓蒙や教育によって、徐々に実現したものではなかった。全くの零から百へ、一気に覆ったかのように思えるものだった。このときの違和感は後にブラッシュアップされて、「空気」という言葉を用いて説明されることとなる。

戦後の山本は、以前から関心の強かった出版業界で働きはじめた。「出版ダイジェスト」の編集を行ったり、福村書店で働いたりしながら、同時に洋書の翻訳も行っている。その成果が初めて世に問われることとなったのが、一九五四（昭和二十九）年に刊行されたミハイル・イリンの児童書『人間の歴史』で、山本の名は訳者としてクレジットされた。また、同年には同著者の『文明の歴史』の訳業も成っている。

一九五六（昭和三十一）年には山本書店を開業し、ここから自身が翻訳を行ったN・J・ベリール著『生物の生態』を刊行している。なお、同書店は当初、聖書学を専門とする出版社として設立された。そして、ここから一九七〇（昭和四十五）年に出版した一書が、山本の人生を大きく変えることとなるのである。

山本七平の論壇デビュー

イザヤ・ベンダサン著、山本訳の『日本人とユダヤ人』は、そのタイトルから窺える通り、日本人とユダヤ人の比較文化論とでもいうべき一書だった。内容は硬派だが、卓越した文章力もあって読み通すのは困難ではない。この書は、出版の翌年には第二回大宅壮一ノンフィクション賞を受賞し、最終的に三〇〇万部を超えるベストセラーとなった。

今では「ベンダサン＝山本」は疑われることもなくなったが、ベンダサンは神戸市中央区山本通で生まれたユダヤ人という設定だったため、当時は真剣に正体を探す動きもあったという。しかし、このベンダサンは、一九七六（昭和五十一）年の『日本教徒』を最後に論壇から完全に姿を消してしまうのである。山本は、遂に「ベンダサンというペルソナ」を脱ぎ捨てたのだった。

『日本人とユダヤ人』以降の約二十年を、彼が恐るべき熱量で駆け抜けたのは既に述べた通りである。彼の書の多くが今も親しまれているが、一般的に最も知名度が高いのは、一九七七（昭和五十二）年に刊行された『「空気」の研究』ではないかと思われる。同書では、日本社会において絶対的権力として振る舞ってきた「暗黙知」を、山本は「空気」なる語で指示した。この分析は、まさに戦中・戦後体験の賜物だった。

同書で、かの戦艦大和出撃（一九四五年四月）の件を取り上げ、彼はこのように語る。

「空気」とはまことに大きな絶対権をもった妖怪である。一種の「超能力」かも知れない。何しろ、専門家ぞろいの海軍の首脳に、「作戦として形をなさない」ことが「明白な事実」であることを、強行させ、後になると、その最高責任者が、なぜそれを行なったかを一言も説明できないような状態に落し込んでしまうのだから、スプーンが曲がるの比ではない。こうなると、統計も資料も分析も、またそれに類する科学的手段や論理的論証も、一切は無駄であって、そういうものをいかに精緻に組みたてておいても、いざというときは、それらが一切消しとんで、すべてが「空気」に決定されることになるかも知れぬ。［山本 1977：16］

絶対的権力である「空気」は、いわゆる合理的判断を超越したところにあり、日本社会、そして日本人から主体的判断力を一切奪ってしまう「妖怪」だというのである。そのため、「空気」に踊らされての提案や決定は、後々になってそれに与した人々に理由を尋ねてみても、納得できる回答を得られるものにはならない。戦時中の様々な場所や団体でみられたこの傾向は、実は戦後も変わっていないと、山本は説いた。

では一体、戦後、この空気の威力は衰えたのであろうか、盛んになったのであろうか。「戦前・戦後の空気の比較」などは、もちろん不可能だから何とも言えないが、相変わらず猛威を振っているように思われる。もっとも、戦後らしく「ムード」と呼ばれることもあり、昔なら「議場の空気」といったところを「当時の議場の全般のムードから言って……」などという言い方もしている。そして時にはこの「空気」が竜巻状になるのがブームであろう。いずれにせよ、それらは、戦前・戦後を通じて使われる「空気」と同系統に属する表現と思われる。［山本 1977：17］

問題や現象などに対峙するとき、山本は常に対象から一歩距離を取り、冷静な眼差しで観察を行う。これは、戦時中に自身が所属した部隊に対してでも、広く戦後の日本社会に対してでも、一切変わるところがない。その視角は、キリスト教徒の家系に生まれ、マイノリティであり続けた経験から生育されたもののように思われる。

山本が捉えた日本の美点・欠点

先の『「空気」の研究』や、山本が熱心に行った同時代における諸問題への提言からは、彼が日本に対する痛烈な批判者であると感じる人もいるかも知れない。しかし、それは大いなる錯誤である。彼の言説の基底には、常に日本に対する大きな愛情があった。

『日本資本主義の精神』（一九七九）で、山本は次のように述べている。

一個人の美点は裏を返せば欠点であり、長所はそのままに短所である。したがって、それをいかにしてプラスの方向に生かすかは、常に、厳格な自己把握が前提となる。これは、個人にとっても、企業にとっても、民族にとっても同じである。［山本 1979b：228-229］

全ての個人や民族、そして国家にも、当然ながら美点と欠点がある。彼が日本の欠点や短所を積極的に指摘していたのは、それらさえ「プラスの方向に生かす」ためだったことは、疑いを入れることができない。そもそも「空気」に関しても、偏にマイナスに働くものとはいい切れない。例えば、戦後の高度成長期のような爆発的な経済の勢いは、まさに「空気」に支配された日本だからこそ実現できたものでもあった。

それでは、この国の本質を冷静に、客観的に把握するためには、どのような方法を採るのが適切なのだろうか。山本がここで踏み込んだのが、広義の歴史学だった。現在の日本の姿を知るためには、何より来歴を理解すべきと考えたのである。

彼は論壇にデビューするはるか以前から、膨大な歴史の知識を身に着けていた。ただ博識だったわけではなく、歴史の事象と事象を、線で結んで有機的に理解していたことが、数々の書から窺える。

また、彼は歴史の事象のみならず、過去の人々の哲学や宗教、すなわち思想を歴史的に解釈することにも、強い関心を持っていた。これは、学問的分類では、思想史学に相当する。ある思想家が、過去と同時代の思想家や環境から如何なる影響を受け、また彼自身が同時代や後続の思想家、あるいは環境に如何なる影響を与えたか、これを書物や史料などから考え抜いていく学問のことである。

山本による思想史学の成果は、既に引用した『日本資本主義の精神』をはじめ、『勤勉の哲学』（一九七九）、『現人神の創作者たち』（一九八三）、『近代の創造』（一九八七）、『日本人とは何か。』（一九八九）、『江戸時代の先覚者たち』（一九九〇）などで存分に読むことができる。そこで判明するのは、彼の関心が特に江戸時代に向いていることである。この理由について、彼本人は江戸時代が次のような時期だったからと説明している。

いわば、明治のように西欧を模倣し、戦後のようにアメリカを模倣した「マネ時代」でもなければ、古代の日本のように、中国のみが典拠であった時代でもなかった。「マネ時代ではない」という意味では、最も独創的な時代であった。当時の思想家は、本当に考えねばならなかった。また政治家は、模索をしつつ新しい秩序を確立しなければならなかった。［山本1979b：92］

つまり、現代に続く日本社会、日本人の「特質」の基礎は、他ならぬ江戸時代に作られたという認識である。この時代には、明治以降にみられる欧米の模倣も、古代にみられる中国の偏重もなく、平和を実現した幕藩体制の中で、人々は主体的に思索しなくてはならなかった。ここにおいて、日本は史上初ともいうべき、独自性の高い政治や文化、またそれを支える思想を創造するに至ったのである。

もちろん、そこには美点のみならず、欠点もあることだろう。しかし、それらを含めて、現代日本の「原風景」と呼ぶべき姿が形作られた時代だった。

後世から拒絶された思想「石門心学」

二十一世紀となってから二十年以上が経過した現在、江戸時代の思想や文化に対しての視線は、かなり好意的なものとなっている。特に江戸時代の庶民によって作り上げられた「勿体ない」という感覚を基調とした循環型社会は、環境問題が切実さを増している現代において、一つの手本と呼べるほどのものとなっている。

しかし、これら江戸時代への高評価は、全て一九八〇年代以降のことである。それ以前は、江戸時代は旧き悪しき封建社会として、とても再検討すべき対象とは考えられていなかった。思想史学の世界においても、江戸時代の人物で評価されていたのは、近代的な意味での「個」の覚醒を促したと見做される思想家に限られていた。彼らは、より限定的に表現するならば、西欧近代的な価値観と齟齬を来さない、あるいは来さないと解釈できる言説の主だった。

このような学界の状況の下、終戦後に山本が貪るように読んだのは、「紙くず同然の値段」で叩き売られていた江戸時代の本や文書で、例えば尊王思想家の全集だったという。中でも、鈴木正三（一五七九〜一六五五）、石田梅岩（一六八五〜一七四四）、布施松翁（一七二五〜八四）、鎌田柳泓（一七五四〜一八二一）などの書に心惹かれたことを記録している〔山本 1992：117〕。このうち、正三を除く三人は、梅岩とその弟子たちで、石門心学と呼ばれる町人哲学の思想家たちだった。彼らは、戦後長らく極めて低い評価が付与されていた一群である。

石門心学が、かつての学界においてどのように捉えられていたかを知る材料として、戦後日本を代表する思想史学者、丸山眞男（一九一四〜九六）の言葉ほど適切なものはない。梅岩について、彼が述べていたことを引いてみよう。

梅巌〈梅岩のこと＊引用者注〉の思想に現われたこうした颯爽たる町人イデオロギーの高揚は、他方に於ける当時支配的な封建道徳への卑屈なまでの屈従によって中和されねばならなかった。彼がひたすら倹約を説くのも、商業企業の内面的根拠からばかりでなく、むしろ、より多く一つの経済外的要請であり、知足安分という封建社会の秩序の立場からの教説たる意味を帯びていた。〔丸山 1998：195〕

梅岩の思想は幕藩体制と親和性が高く、それどころか、幕藩体制に従属することを是とするように組み上げられたものだというのである。それは換言するならば、「足るを知り、分に安んず」、すなわち知足安分を説くものに過ぎず、幕府側からすれば庶民を飼い馴らすのに都合がよい考え方だったと、丸山は捉えていた。

なお、上記引用箇所から考えて、丸山は梅岩が説いた倹約とは、節約に類するもの、すなわち経済的な徳目の一つと捉えているようだが、これは明白な誤りである。本書第二章で詳述する通り、梅岩の倹約は結果的に節約という行為に繋がるものだとしても、その本質は全く異なるものだった。

丸山の石門心学への嫌悪感が相当なものであることは、先の文章中に「卑屈なまでの屈従」という、「屈」を重ねた一種異様な表現があることからも明らかだろう。同じ『丸山眞男講義録(第一冊)』には、さらに痛烈な表現も出てくる。

それでも始祖石田梅巌などに於ては、商業利潤の道理化によって、商業活動に倫理的基礎を与えようとした努力が看取されるが、その梅巌に於ける「商人の買利は士の禄に同じ、何を以て商人を賤しめ嫌ふことぞや」という僅かに見られる矜持は、やがて奥田頼杖、手島堵庵、柴田鳩翁らによる心学の普及の過程に於て見るかげもなく失われ、天下の御政道に背かず万事分限に過ぎぬよう「我を捨て」ることをひたすら強調し、人間的自覚を抑圧して封建的秩序への卑屈な従属を教説する通俗イデオロギーへと展開していった。[丸山 1998：261]

梅岩はわずかに評価しながら、それに続く心学者についてはまとめて切り捨てている。実は、丸山がここで取り上げている「我を捨てる」という語は、個の主体性放棄とは別次元の意味を持つもので、初歩的な誤解を含む議論ではある。このように、丸山の石門心学に対する批判には、内在性が決定的に欠如したものが多いのだが、それはまた後に触れることにしよう。ここでは、戦後の「進歩的知識人」の筆頭である彼が、石門心学に理屈を超えた感覚的拒絶をみせていたことを指摘するにとどめたい。

石門心学への山本の共感

丸山が嫌悪した石門心学を、山本は深い共感をもって繰り返し取り上げている。もちろん、石門心学の全てを、手放しで賞賛したわけではない。共同体や個人と同じく、思想にも美点と欠点がある。彼が石門心学に興味を抱いていたのは、それが間違いなく、日本の歴史の中で画期を為す思想だったからであり、また戦後の日本にも脈々と生き続けていたからだった。

彼〈梅岩のこと＊引用者注〉の弟子は多く、その人たちが後に京都・大坂・江戸に心学黌《こう》舎をつくり町人たちの教育にあたった。さらに地方に発展し、主として商人および商業的農民から多くの信奉者を得た。彼もまた一面では御用思想家といえるし、幕府自身がそう考えていたらしい。しかし彼の思想を順守していれば、否応なく豪商や豪農は資本を蓄積していき、やがて幕藩体制を崩壊させてしまう。その点ではきわめて危険な御用思想家であった。［山本 1989b：281-282］

先ほどの丸山の文章と比べると、はるかに冷静かつ、客観的といえる分析である。どちらがアカデミックな研究者で、どちらが在野の評論家かわからなくなりそうである。

梅岩に始まる石門心学の考え方は、確かに幕藩体制との親和性が高かった。しかし、同時にそれを超えていこうとする力、あるいは可能性を内包したものであり、山本はこちらを重視したのである。そして、結果として石門心学は「日本資本主義の精神」の源流になったと断言している。

この梅岩の先駆けとなる思想家が、山本によれば鈴木正三だった。後ほど紹介するように、梅岩も当時としては相当に不思議な人物だが、正三はさらに変わっている。彼は、三河武士として徳川家康、秀忠の二代に仕え、大坂の陣にも参戦した人物である。しかし、その後は臨済宗の僧となり、「島原の乱」後の天草でキリシタンを一掃するため、禅宗の布教を行った。ここまで聞けば、反キリスト教の敬虔な禅僧のように思えるが、彼の教えは通常の禅宗とは大いに異なるものである。

正三は著作も数多くあり、仮名草子作家としての顔も持っていた。しかし、特に山本が注目したのは、一六四七（正保四）年に完成した『四民日用』である。ここで正三が展開したのは、「如何にして人は成仏できるか」という議論だが、そこに職業倫理を絡めてくることが他にみられない個性的な点だった。

出家していたとはいえ、正三は飽くまで武士階級の人間である。その彼が、武士以外の職業全般についても関心の幅を広げたのは、世の中が急激に平和になり、治安が改善しつつあったためだった。少なくとも、戦に勝って相手の財産を分捕っていく時代は、はるか昔に終わりを告げていた。

武士は文官としての性格を強め、腕力の強さよりも、政治的手腕の方が要求される世が到来していたのである。正三は、このような時代状況において、様々な階級の人々が正しく仕事に励んでいく方法を、自身の宗教的信条の下で思案したのだった。

顕在化された「仕事の思想」の系譜

王朝貴族や武士といった人々については、江戸時代のはるか以前から「如何に生きるべきか」という議論は数多く存在した。例えば、武士に関しては「弓矢《ゆみや》とる身《み》の習《ならい》」と呼ばれる、正しい生き方が中世から論じられている。後に、武士道となるものである。

しかし、被支配階級の人々がどのように生きるべきかの議論は、江戸時代に入るまで現れることがなかった。「衣食足りて礼節を知る」どころか、自らの所有物、果ては生命まで、常に危険に晒されていたからである。このような荒廃した状況下では、「如何に金銭や財産を獲得するか」という議論は起こり得ても、哲学的、あるいは道徳的な話に関心が向けられることがなくて当然である。

逆にいうと、平和と良好な治安という条件が成立したことによって、被支配階級の人々が「如何に仕事に向かい合うのが適切か」という議論を行い始めたことは、全く不自然ではない。しかし、それが当時の支配階級の出である正三によって、しかも一六四七年という早い段階で生み出されたことは、やはり驚嘆に値する。

山本は、正三が「一種の天才」であると断言した後、次のように述べている。彼の思想史に対する考え方を示した大変重要な内容であるため、少し長く引用したい。

「天才はしばしば、自分も予期しない影響をその社会と後代に与える」のであり、その理由は天才だけがある種の「本質」を無自覚的乃至は直感的に把握できるという点にあるのだと思う。あらゆる人が、その時代と地域と所属集団のもつ「前提」という「時間と空間」の制約下にあることは否定できない。その点では、天才もわれわれ凡人と同じである。そしてその時間と空間が変わり、人びとの発想の前提が変われば、その制約下にある人びとの思想も変わり、従って過去の思想の殆んどすべては消えてしまう。いわば、凡人の凡庸な思想は、いかに大きな影響力をもつもののように見えても、「時と場」の消滅とともに消えるのが普通であり、それを越えて後代に残りうるものは皆無と言って過言ではない。そして例外者として後代に残る天才の特徴は何かといえば、それは広い意味での改革者の思想をもつということ、いわば前代未聞の独創性をもっていることであり、その思想家はその思想家の名が忘られてもなお生きて、後代を拘束しうるものなのである。〔山本 1979a：107〕

この時代に、あらゆる人々の職業倫理について考えた正三の思想的営為は、前代未聞でありつつ、時代と社会の本質を見極めたものだった。山本によれば、正三の思想が梅岩に受け継がれ、さらには現代の日本に繋がる基盤を築くものとなっていく。

戦国時代には、普通の庶民に梅岩のような考え方があったとは思えない。『応仁記』の世界などは、まさに逆である。各人が、あらゆる面で、梅岩のような自律、自制の思想を持たず、他人の物はオレの物、オレの物はオレの物、落武者へのはぎとりは当然の世界であった。そして、この状態からの、ある種の転機があったのは、徳川時代のはじめであり、したがって現代にも通用する人間、すなわち「いまの社会人」を生み出したのはこの時代である。［山本1979b：116-117］

山本が、確信をもって江戸時代こそを現代日本の原風景として扱うのは、この時代に「仕事の思想」が成立し、今に通ずる「社会人」が出現したからであるともいえる。仕事とは何か、仕事とは如何にあるべきか。この議論は、社会、ひいては国そのものを変えていく力を持つ。事実、正三や梅岩らの教説によって、この国の方向性は決定づけられたのである。

日本の本質を解明する上で、「仕事の思想」を検討することが必要である理由は、これで理解されるところだろう。山本が、二十年という短い時間の中で繰り返し正三や梅岩について語った理由は、まさにここにあった。山本の「日本学」を正しく知るためには、「仕事の思想」に関する系譜を十分に理解することが要求される——このように換言することも可能だろう。

宗教的人間にとって自然は決して単に〈自然的な〉ものではない。徹底的に非聖化された自然の経験というものは、新しい発見であり、それも近代社会の少数者、第一番に科学者のみに通用するものである。そのほかの人類にとって自然はいまなお〈魔力〉であり、〈秘密〉であり、〈尊厳〉であって、そこから古代の宗教的価値の痕跡が読みとれる。たといいかほど無宗教であろうと、自然の〈魔力〉を全く感じない近代人は一人もない。それは人が自然に認める美的、スポーツ的、あるいは衛生的な価値ばかりでなく、何かはっきりせず、規定し難いが、しかも或る消え去った宗教体験の記憶と認められるような感情である。［エリアーデ 1969：144］

第一章 「仕事の思想」のはじまり

——戦争を必要としない社会に起きた大転換

第一節　起点としての江戸期

国家と仕事観

日本国憲法の第二十七条第一項には、「すべて国民は、勤労の権利を有し、義務を負ふ」とある。国民の三大義務のうちの一つ、いわゆる勤労の義務の規定である。

そう、私たちは働かなくてはならない。もちろん、勤労の義務とは、「強制労働」の義務を意味するものではなく、労働の尊厳性こそを謳うものと解釈するのが妥当だろう。しかしながら、国の最高法規までもが、私たちに働くこと、仕事をすることの意義を訴えかけてきている事実は、あまりにも重要である。

それでは、働くこととは、仕事とは一体何なのだろうか。なかなか社会人の口からは出てこない、素朴極まりない問いである。それにもかかわらず、私たちがこの問いに説得力ある答えを提示するのは、意外に難しい。

ある人は、辞書的な説明を行うかも知れない。すなわち、仕事とは生計を立てる手段であるというのである。確かに、自らの仕事によって、私たちは対価としての金銭を得て、生活を営んでいる。現代人だけではなく、例えば貨幣など存在しない時代に生きた人々であっても、仕事は日々の糧を得るための方法だった。

金銭を獲得するためであればこそ、仕事は辛いもの、苦しいものと考える人もいるはずである。つまり、仕事とは、生きていくためには必要だが、できればやりたくないものという答えも出てくることだろう。また、これとは全く逆に、仕事とは楽しく、毎日に潤いを与えるものと主張する人もいるはずである。自らが望む職業に就いた人ならば、このような答えを導き出しても、一向におかしくはない。今風に換言すれば、仕事とは「自己実現」の手段である、とでもなるだろうか。

仕事とは何か――この質問に答えるのが困難なのは、例えば数学の問題に対する解答のように、唯一解が存在しないために違いない。

ただし、仕事観、すなわち「仕事の思想」とは、決して各個人の勝手な思い込みによって形成されているわけではない。それらはかなりの割合で、彼らの属する共同体によって規定されている。ここでいう共同体は、家庭をはじめとした小さな生活共同体も含むが、最も決定的な影響を与えているのは、政治的・文化的共同体に他ならない。それは現代に限っていうならば、多くの場合に国家と一致する。

もちろん、比較的自然にそうなる場合もあり得るが、通常は、近代以降の中央集権的教育制度によって「国家＝政治的・文化的共同体」という状態が生成、固定されていく。かくして、同一国内で考えた場合、各個人の仕事観には様々な相違がありつつも、最大公約数と表現できる共通の要素が確認できるようになる。

このように国の中で共有される「仕事の思想」は、最終的に、当該国の経済的能力さえも決定する。国の経済が、突き詰めれば国民一人ひとりの労働によって支えられていることに思いを至らせるならば、これは当然のことだろう。この労働とは、何より個人の内面に息衝く「仕事の思想」に基づいて発動されるものだからである。

山本が認識した日本人の「仕事の思想」

国内において「仕事の思想」の共有がみられることは、もちろん日本も例外ではない。むしろ、他国と比較した場合に、日本はその傾向が著しいといわれることが多い。すなわち、仕事観の最大公約数の数値が大きいのである。

山本は、日本人の「仕事の思想」は「勤倹貯蓄」、すなわち勤勉倹約で、貯蓄に励むことを是とするものと述べている。

勤倹貯蓄、これは実に長い間の日本人の徳目であり、これを行うことが美徳とされて来た。美徳とされて来たことはそれが一つの独立した価値、いわば宗教的ともいえる価値をもっているからであり、それが価値を持ちうることは、一つの思想の帰結だからである。〔山本1979a：8〕

『勤勉の哲学』が刊行されたのは、一九七九（昭和五十四）年のことである。しかし、程度の問題はあっても、二十一世紀に入って二十年以上が経過した今の日本人も、勤倹貯蓄を価値のあるものと信じているはずである。これは、実際に各個人がそれを実践できているかどうか、という問題とは違う。一般的に「勤倹貯蓄という態度や行動が、評価され続けている」という意味である。

この勤倹貯蓄という価値観は、単純に経済的状況によって生み出されたものではない。山本は、勤勉という性質に関してこう語る。

> 日本人はなぜ勤勉なのか。「貧しいからである」というのが過去における解答であった。しかしこの解答が当然とされた時代でさえ、世界的水準でみれば日本人は決して貧しくなかった。まして現代では日本人は貧しいなどと言えば、世界の反撥をうけるであろう。また日本よりはるかに貧しい国で、日本的基準でみれば全然勤勉でない国民は決して少なくない。［山本 1979a：8］

貧しいという経済状況が、必ずしも人々を勤勉にするわけではないことは、世界を見渡せば否定できない事実としなくてはならない。つまり、「仕事の思想」というものは、経済的状況によって自動的に生成されるものではないということである。同様に、貯蓄に関しても、山本は次のように説明している。

> 日本はなぜ貯蓄性向が高いのか。「社会保障が不備だからである」。この過去の解答も解答になっていない。というのは日本よりはるかに社会保障が完備せず、否、皆無に等しい国で、

貯蓄性向がゼロに等しい国もある。社会保障の不備は決して、貯蓄の動機にはなっていない。［山本 1979a：8］

勤倹のみならず、貯蓄に関しても、偏に経済状況がもたらした態度や行動ではないと、山本は説く。それどころか、止むを得ず実践されるものではなく、日本人にとって「宗教的ともいえる価値」を持つものであるというのである。また、このような価値観は、「一つの思想の帰結」とも述べている。これはつまり、仕事観やそれと絡む道徳が、歴史的に形成されてきたものであるという主張である。

仕事観は政治的・文化的共同体によって異なるが、その最も大きな理由は、個々の共同体に固有の歴史があることといえる。長い時間の中で、思想は世代から世代に継承され、それに伴って練り上げられていくからである。

戦争を必要としない社会への大転換

日本における「仕事の思想」が如何にして生成したかを考える上で、起点となるのは、間違いなく江戸時代である。人々が「仕事とは何か」という自問を行うためには、最低限の平和と治安のよさが必要となる。「衣食足りて礼節を知る」の故事成語の通り、生活に保障があってはじめて、哲学的な問いを思索する余裕が生まれるからである。

江戸時代の前にあったのは、戦国時代とそれに続く安土桃山時代だった。この期間の最大の支配者は、他ならぬ武力、暴力であり、庶民の生活はいつ戦に飲み込まれるかわからない状態が続いていた。少なくとも、五年や十年も先のことを考えられるような時代でなかったことは、間違いない。

混迷の戦国時代を招来したのは、応仁・文明の乱（一四六七〜七七）と呼ばれる約十年も続いた大乱だが、これを伝える書である『応仁記』の内容を、山本は何度も紹介している。それは、江戸開府に至るまでの、実に百四十年近くにわたって支配することとなる価値観を、極めてよく伝える内容を持つものだったからだろう。

大乱の起こる前兆であったのであろうか、公家・武家共に大いに奢り、都鄙《とひ》遠境の人民までも華麗さを好み、諸家は派手にふるまい、万民の窮状は言語道断のことであった。これによって、万民は憂悲苦悩して、夏《か》の時代の民が桀王の妄悪を恨んで、「この日はいつか滅びるだろう。我は汝と共に滅びよう」と歌ったように、もしこのとき忠臣がいたならば、どうしてこれを諫め申さないのだろうか。しかしながら、ただ「天下は破れば破れよ、世間は滅びるならば滅びよ。人はどうであれ、我が身さえ富貴ならば、他よりは一段と華やかに振る舞おう」という状態になっていった。［志村訳 2017：13］

これは、かの大乱が起きる直前、つまり一四六七（応仁一）年の状況に関するものである。「人はどうであれ、我が身さえ富貴ならば」の言葉が見事に表すように、多くの人々が共生の意志を喪失し、極端な利己主義と物質主義に陥っていたことが描かれている。実際に、この後は、日本全体が荒廃していくこととなる。

また、先ほど引いた一節における「公家・武家共に大いに奢り、都鄙遠境の人民までも華麗さを好み」なる箇所にも注目しておきたい。利己主義と物質主義の従僕となったのは、いわゆる上流階級の者のみではない。都会から田舎まで、庶民を含めてその虜となったのである。上流階級の横暴によって社会の紐帯が危うくなったのではなく、誰もが公共心を喪失していたことを解しておく必要がある。

この傾向は、戦国の世に入ってより強まることとなる。当時の戦は、武士のみが戦ったわけではない。雑兵たちの多くは、平時は百姓として暮らす者だった。中世史を専門とする藤木久志氏は、当時の雑兵に関して次のように述べる。

端境《はざかい》期を戦場でどうにか食いつないでいた村の傭兵たち、凶作の最中に田畠を捨てて戦場を渡り歩いていた中間《ちゅうげん》や小者《こもの》たち、戦場を精いっぱい暴れまわっていた悪党たち。凶作と飢餓の戦国の底辺で逞しく生きたこれらの人々にとって、戦場は明らかに生命維持装置《サバイバルシステム》の役割を果たしていた。また戦国の世を覆った戦争は、あいつぐ凶作と飢饉と疫病によって、地域的な偏りを生じた中世社会の富を、暴力的に再配分するための装置であった、とさえいえるかもしれない。［藤木 2005：205］

ここで指摘されていることは、重要な事実を示唆している。いわゆる主君を持つ武士以外の雑兵たちは、戦において傭兵として「働く」ことで生きていくことができたのである。また、戦争は「富の暴力的な再配分装置」としても機能していたのだという。つまり、中世日本の社会システムの中に、戦は組み込まれていたのである。逆にいうならば、戦なくしては、当時の社会、ひいては日本社会が成立不能だったということになる。

以上の事実を踏まえれば、戦国から江戸への移行が、全国の統一や、政治的権力の担い手の変更以上に大きな意味を持つものとわかるはずである。それは、「戦争を必要とする社会」から「戦争を必要としない社会」への転換に他ならなかった。これを革命的と評価することは、如何にしても大袈裟とはいえない。

江戸開府と元和偃武がもたらしたもの

江戸時代は、遂に「戦争を必要としない社会」を実現することになるが、一六〇三（慶長八）年に徳川家康（一五四二～一六一六）が征夷大将軍に任じられて、すぐに平和が訪れたというわけではない。この時点では、まだ前政権の主だった豊臣氏が存在していたからである。もし戦が起きれば、豊臣氏側につくと予想できる大名も少なからずいたため、徳川氏を頂点とした体制を安定させるためには、豊臣氏の滅亡がその必要条件だった。

そのことを誰よりも理解していた家康は、豊臣氏を執拗に挑発して、大坂の陣を起こした。一六一四（慶長十九）年の冬の陣と、翌一六一五（慶長二十）年の夏の陣のことである。その勝利によって、豊臣氏は絶えて、徳川氏は体制を揺るがす不安要素を排除することに成功した。ここで到来した状況は、改められた「元和《げんな》」という元号を用いて、「元和偃武《えんぶ》」と呼ばれる。「偃武」とは、武器を伏せて用いないことで、すなわち、遂に泰平の世がきた、と高らかに謳う四文字である。豊臣氏側からすれば、なんとも勝手な話だと思われそうだが、戦国の世に完全なる終止符を打ったのは、疑念の余地なく家康だった。

これ以降も、島原の乱（一六三七〜三八）をはじめとして紛争はいくつか起きているが、体制の危機といえるような異変は幕末まで生じなかった。その間、実に二百五十年以上。これほど長い間、大きな戦が起きることのなかった国は、世界中を見渡しても確認できない。幕藩体制に対する評価は様々であっても、江戸時代が長い期間の平和を実現したことは、否定することができない事実である。

山本は、この元和偃武について次のように整理している。

> 一六一五年（元和元年）大阪落城の年に家康は、一国一城の制を敷き、武家諸法度、禁中並公家諸法度、諸宗諸本山諸法度を定め、翌年には金一分＝銭一貫文を貨幣制の基礎におき、同時に中国船以外の外国船の来航を長崎・平戸に限った。それらにつづく基本的体制整備がほぼ形をなしたのがこの一六二〇年、秀忠の娘和子《まさこ》が入内して朝幕は血縁で結ばれて両者の平和共存が確認され、南北朝から戦国時代へとつづいた長い長い戦乱が終り、将来もある程度には平和の見通しを得て、人びとがほっと安堵した時代であった。［山本 1979a：23］

これまで武力によって問題の処理が為されていた国が、教化や法令によって治められる国に変わったのである。つまり、武断から文治への本質的変化が、元和偃武によって実現した。朝廷と幕府との関係が良好となり、貨幣制度の基礎も確立をみて、政治・経済上の不安定な要素が限りなく縮減することとなる。

ここにおいて、庶民の中においても、「将来への投資」を行う機運が高まった。投資といっても、金融投資の話ではない。使える金や時間を、今ではなく将来のために使い始めるのである。その最たるものが、子供の教育だった。教育とは、将来に希望を見出さない限り、施されることのないものなのである。

なお、「仕事の思想」という観点から江戸時代初期を眺めた際、山本が指摘したもの以外で特に重要なのは、参観《さんきん》交代という制度だろう。これは、武家諸法度で定められたものだが、制度として確立されたのは一六三五（寛永十二）年のことだった。つまり、第三代徳川家光（一六〇四～五二）の時代である。諸大名を定期的に江戸に参観させた制度であり、政治的にみれば、幕府と彼らとの主従関係の確認を行うものだった。

かつては、参観交代によって諸大名は経済力を削られ、反逆の芽を摘み取られたとの説明が行われたが、近年この説はほとんどみられなくなった。参観交代を華美なものとし、費用をかけようとしたのは、実は諸大名側であり、幕府は繰り返し経済的な節制を求めていた事実が判明したからである。

この参観交代によって起きた大きな変化は、まずは街道や宿場の整備だった。それは、ひとえに江戸と地方の間だけのものではない。諸大名は、参観交代にかかる莫大な費用を捻出するため、年貢米と特産品を当時の中央市場である大坂で販売する必要があった。また、大坂で販売された物品の相当な割合が江戸にも輸送されるため、地方と江戸、地方と大坂、大坂と江戸という、この三つの大きなルートが確立されることとなる。

また、ルートはもちろん陸路に限らない。年貢米をはじめ、重量のあるものは海路で運ばなくてはならない。かくして、参観交代の費用獲得に端を発して、陸路と海路、そして宿場や港湾の整備が行われることとなった。これらにより、民間の経済も全国規模の発展を遂げることが可能となる。参観交代は、今でいうならば公共事業の一つでもあった。

さらに、中央と地方の交流によって、言語をはじめとした文化の公約数もより大きな値となった。言語についていえば、方言は存在しても、公式文書や他地方と交流するためには、「標準語」が必要となるからである。もちろん、この時点の「標準語」は、現代に比べればはるかに緩い基準のものである。

また、文化の交流とは、当然ながら宗教や哲学のそれも意味する。一国内において思想の大きな公約数を生み出すものとして、既に近代的な教育制度を挙げた。しかし、日本に関していうならば、参観交代によって実現した強力な「中央と地方との交流」によって、その形成が促されたことも記憶しておく必要がある。

第二節　現代日本にまで繋がる「日本教」

不干斎ハビアン――転換期に現れた日本の教養人

元和偃武による安寧秩序の下、日本における「仕事の思想」が生育されていく。以下、その様態をつぶさに確認するつもりだが、その前にどうしても理解しておくべきことがある。それは、日本思想の特異性であり、この国に生きる私たちが十分に認識していない「知の前提」である。山本の用語を借りれば、「日本教」の特質と換言することも可能だろう。

この日本思想の特異性を知る上で、山本が最も重要な人物と捉えたのが、不干斎《ふかんさい》ハビアン（一五六五～一六二一）だった（山本は「ハビヤン」と表記）。

彼の名を耳にして、いつ、どこで、如何なる人生を送った人物か、即座に頭に浮かぶ向きは決して多くはないだろう。名前からして、どこの国の人間かもわかりづらい。しかし、彼は間違いなくこの日本に生まれ、この国で生き、この国で生を終えた人物だった。そしてその時代は、日本が「戦争を必要とする社会」から「戦争を必要としない社会」に変わった、安土桃山時代から江戸時代である。

不干斎ハビアンは、一五六五（永禄八）年に、加賀か越中で生まれた。母親は、豊臣秀吉（一五三七～九八）の正室だった高台院（一五四九～一六二四）の侍女だったという。ハビアンは幼いうちから、京都にある臨済宗の寺院に入って修行に励んだ。この寺院は、建仁寺か大徳寺と考えられている。また、この頃の僧名も確定しておらず、恵春《えしゅん》（恵俊）あるいは雲居だったようである。いずれにせよ、ハビアンは初め、仏教徒だった。

ところが、一五八三（天正十一）年に、十九歳のハビアンは寺を出ることとなる。母親に従って、キリスト教に入信したからである。ここで、彼は「ハビアン」という洗礼名を得た。同年、高槻のセミナリヨ（中等教育施設）に入学している。また、その二年後には大坂のセミナリヨに移った。

一五八六（天正十四）年には、イエズス会へ入会し、臼杵《うすき》の修練院に入った。一五四九（天文十八）年に来日した、かのフランシスコ・ザビエル（一五〇六～五二）は、同会の宣教師である。ハビアンが入会した頃、日本にはキリスト教徒の拠点が数多く作られ、大名の中にも入信する者が増えつつあった。

二年後の一五八八（天正十六）年からは、ハビアンは長崎の千々石《ちぢわ》と有家《ありえ》のコレジオ（高等教育施設）で、本格的に神学を学んだ。その後、一五九二（文禄元）年には天草のコレジオで日本語教師となり、『要約版 平家物語』を、来日した宣教師たちに向けた日本語教本として出版している。翌年にも、『イソップ物語』をポルトガル語から当時の日本語に訳した『伊曾保物語』を出版している。共に、使用された文字はアルファベットで、いわゆる「ローマ字本」と呼ばれるものだった。

また、一五九三（文禄二）年からは、ハビアンは大江でラテン語も学んでいる。付言するまでもないが、彼ほどの学問的知識と言語能力を持つ者は、当時はほとんど存在していなかった。実際に、この時点で、彼はイエズス会における日本人修道士として、確固たる地位を築いていたのである。

ハビアンが『要約版 平家物語』を出版した年の出来事として最も大きなものは、秀吉による朝鮮出兵だろう。いわゆる文禄の役である。その四年後の一五九六（慶長一）年には、再度の朝鮮出兵、慶長の役があった。その翌年である一五九七（慶長二）年、ハビアンは長崎のトードス・オス・サントス教会に移っている。この年には、フランシスコ会とイエズス会の宣教師、及び日本人信徒、合わせて二十六人が処刑されるという、かの「二十六聖人殉教」が起きた。なお、秀吉は一五九八（慶長三）年に没している。

一六〇一（慶長六）年、長崎においてハビアンは『仏法』を編纂、出版した。これは、外国人宣教師が仏教の教義を知るための書だった。仏教の専門的知識も持つ、彼だからこそ成しえた仕事である。そして、関ヶ原の戦いが起きた一六〇三（慶長八）年、ハビアンは京都の下京教会に異動する。新しい時代、江戸時代の始まりを、彼は京都で迎えた。

一六〇五（慶長十）年、ハビアンは『妙貞問答《みょうていもんどう》』（全三巻）を著わす。この書は、キリスト教の伝道を目的とするものだが、その記述方法は限りなく比較宗教学に近いものだった。仏教・儒教・神道を考察、批判して、最終的にキリスト教の優位性を説くもので、護教書としては異質というべき「冷静な視線」に貫かれたものである。

翌年には、博多においてキリスト教団が主催する黒田如水《じょすい》（一五四六〜一六〇四）の三回忌の式典が行われたが、ハビアンはそこにわざわざ京都から招待されている。如水は、キリシタン大名としてもよく知られていた。教団がハビアンを呼び寄せた目的は、彼に現地有力者に向けた説教を行わせることにあった。この時の模様は、フランシスコ会が次のように記録している。

日本の文字や仏法に明るいという噂のハビアンと称する一エルマーノが彼らに説教をしました。彼はこの説教をまるで使徒のように巧みにし、釈迦や阿弥陀の仏法及び分裂している諸宗派の述べる説教を極めて雄弁・容易に行なったので仏僧でさえ自分たちより上手な説教を彼の口から聞いて驚きました。それから雄弁に仏法を批判したので、当然それは迫力に満ち大きな効果を挙げ、聴衆は自分たちの心に混乱を生じながら感歎し、学識のある仏僧はなおさらのことでありました。何故なら彼が堂々と、「もし私の述べたことに反対する道理があるなら、それを言って下さい。私は喜んで皆さん方の言葉を聞いて皆さん方を納得させましょう」と言ったからであります。一言も敢えて発する者がなく、みな困惑し恥じ入り、説教が終わるとそれ以上待とうともせず殿やそのほかの人々に挨拶もしないで、頭を低くして立ち去りました。人々は深い感歎と驚きに打たれ、夢から覚めたようになり、そのうちの或る人々はキリシタンになりました。［佐久間訳 1966：278-279］

ハビアンによる仏教批判は、内在的批判そのものだったことだろう。この時点で、彼は少なくともキリスト教と仏教の専門家であり、『妙貞問答』で明らかなように、儒教と神道の二教についても詳しかった。疑念の余地なく、当時において超一流の教養人だったのである。

これは、ただ現代人からの評価ではない。当時からハビアンは、宗教の世界だけではなく、知識人として広く名の知れた存在だった。その一つの証拠となるのが、黒田如水三回忌式典と同じ一六〇六（慶長十一）年の、林羅山（一五八三～一六五七）とハビアンとの宗教論争である。後に家康に重用されることとなる儒学者の羅山は、キリスト教の教義を論破しようと、ハビアンの下を訪れたのだった。このときのことを、羅山は『排耶蘇《はいやそ》』に記録している。

キリスト教を「捨てた」ハビアン

ここまでのハビアンの人生から考えると、この後も彼はキリスト教の修道士（イルマン）として、大きく活躍したことが予想されるはずである。しかし、実際はそのほとんど真反対の軌跡を描くこととなった。林羅山との論争や黒田如水三回忌式典のあった二年後、つまり一六〇八（慶長十三）年に、あろうことか、ハビアンは棄教したのである。一切の外的圧力もなく、自主的にキリスト教を捨て去ったのだった。

彼はある修道女（ベアータ）と共に、棄教して出奔した。京都から逃亡し、教団に発見されないよう、奈良、大坂、枚方を転々としたという。この間も、ベアータとは行動を共にしており、翌一六〇九（慶長十四）年には、博多の地で彼女と同棲していたことが記録されている。このようにいうと、いわゆる駆け落ちのように思われそうだが、実態はそのようにロマンチックなものではなかったようである。

ハビアン棄教の理由として、おそらく有力とされている説は、教団内の外国人宣教師に対する不平不満というものである。特に、人事について鬱憤が溜まっていたのではないか、と考えられている。このような推察は、決して根拠に基づかないものではない。

ハビアンは、キリスト教を捨てた六年後の一六一四（慶長十九）年以降、なんと長崎において幕府の「キリシタン取締り」に協力している。布教する側から、排斥する側となったのである。驚くのは、それだけではない。さらに六年後の一六二〇（元和六）年に、彼は『破提宇子《はだいうす》』なる書を完成させたが、この書名の意味は「デウスを破《は》する」なのである。つまり、彼は反キリスト教宣言を行ったのだった。五十五歳のときのことである。なお、同書の序にて、彼は自らを「江《こう》湖の野子《やし》」と称している。「俗世間の野人」の意である。

この『破提宇子』には、彼の教団に対する怒りが滲んだ箇所も確認できる。それは例えば、次のようなものである。

サテ慢心ハ諸悪ノ根元、謙《ヘリクダル》ハ諸善ノ礎ナレバ、謙ルヲ本《ほん》トセヨト人ニハ勧《ス、》ムレドモ、性得《シヤウトク》ノ国習《ノナラ》ヒカ、彼等ガ高慢ニハ天魔モ及ブベカラズ。此《ノ》高慢故ニ、他ノ門派ノ伴天連ト威勢争ヒニテ喧嘩口論ニ及ブコト、世俗モソコノケニテ見苦シキ事、御推量ノ外《ホカ》ト思召《オボシメ》セ。［海老沢校注 1970：443］

明らかに、外国人宣教師の態度に対する批難である。「彼らの高慢は天魔も及ぶことがない」と表現していることからして、ハビアンには腹に据えかねるものがあったのだろう。

だが、『妙貞問答』でキリスト教を擁護し、仏僧や儒者たちと宗教論争を行ったハビアンが、ただ外国人宣教師の態度に立腹して棄教したというのも、納得しがたいところがある。確かにそれも、キリスト教に対してネガティブな印象を与える要因の一つとはなったことだろう。しかしながら、ハビアンほどの教養人が、長い間自身の精神的支柱となっていたものを、わずかな経験だけから捨て去るということは考えにくい。もっと本質的な理由があって棄教したと考える方が適切だろう。

山本は、まさにそのような観点からハビアン棄教の理由を考察し、次のように述べる。

社会は、ハビヤンが願いつづけていた「現世安穏」へと、キリシタンを排除しつつ、進みつつあったわけである。そしてそのキリシタンが逆に、この日本において秩序を乱しそうな唯一の団体と見られ、島原の乱でそれが現実化したわけである。ハビヤンの考えではその逆で、キリシタンこそこの日本に秩序をもたらしてくれるはずであったのに――〔山本 1978：93〕

この感覚は、戦国から江戸に移り変わる世を生きた者でなければ、心から共感することは難しいものだろう。ハビアンは、当時の教養人の多くと同じように、日本が「戦争を必要とする社会」から「戦争を必要としない社会」に変わることを心から願っていた。そして、キリスト教こそが、その願いを叶える鍵だとも信じていた。だからこそ、『妙貞問答』の中で、キリスト教を称揚し、キリスト教によって治められた西洋の国々を「浄土」として描いたのである。

「日本教」を体現したハビアン

もう一つ、山本はハビアンがキリスト教に別れを告げた理由を挙げているが、実はこちらこそがより本質的なものと思われる。それに関連して、ベンダサン名義で発表された『日本教徒』にある、ハビアンについての記述も引いておこう。

「日本教徒」が寓意でなく「実在」することは、彼が証明している。何ものにも動かされない独特の「世界」を自らのうちにもった一人物が、ここにいる。だが彼はその世界を一度も積極的に提示せず、いわば「消去法」で提示しているのである。そしてこの提示の仕方も、今の日本教徒と同じである。ハビヤンは、私に「日本教徒」という言葉を造語させた一人であり、そしておそらく現代の日本人の祖型であると私は見る。［ベンダサン 1976：30］

山本は、日本思想の特質性を正しく解するには、如何にしてもハビアンを避けて通ることはできないと力説する。彼こそが、現代日本にも繋がる思想、いわゆる「日本教」を見事に体現した、史上初の人物だからである。

既に触れた『妙貞問答』は、仏教・儒教・神道を比較検討した上で、キリスト教を擁護する書だが、そこには「信仰者としてのパッション」がほとんど感じられなかった。いうならば、複数の宗教を机の上に並べて、それぞれに得点を付けた上、キリスト教が最高得点だったから称揚したような内容なのである。ここで重要な点は、「評価する主体＝私」は、明らかにそれら諸宗教の「外部」に存在するということである。

海老沢有道氏は「彼（ハビヤン）の宗教信仰の主体把握が不徹底」と評されているが、これはさまざまな意味でいえる。というのは、『妙貞問答』を通読すれば、彼の態度は「熱烈な信仰の人」というよりはむしろ冷静な「比較宗教学者」に近いからである。一六〇〇年から一二年にかけての、スペイン商人アビラ・ヒロンを驚かしたような家康のキリスト教への寛容政策は、「四宗教の平和共存」という当時の世界では考えられないような状態を生み出した。こういう環境の中に置かれた知識人が、比較宗教学的態度になっても、それは不思議ではない。いわばハビヤンの態度自体が、四宗教を並べていずれを選択すべきか、という態度である。海老沢有道氏の言葉を借りれば「宗教信仰の主体把握」ではなく、主体性は自ら保持し、四つの宗教のうちいずれを選択すべきか、という態度である。〔山本 1989b：100〕

キリスト教徒でありながら、キリスト教の教義には一切影響を受けることのない主体を持ち続けているというのは、一般的にいうならば、考えられないことといえる。宗教や哲学、いわゆる思想というものは、その主体こそを構築するものだからである。

ハビアンを以上のように分析した山本は、驚くべき結論を提示する。それは、ハビアンが生涯、全く「転向」していないというものだった。

『破提宇子』を読むと、彼自身はキリシタンを批判しつつも、決してかつて『妙貞問答』で論破した神儒仏へ帰ったわけではないことがわかる。ただ、この点での彼の態度は、以上の神儒仏の弱点にはむしろ故意に触れないといった態度であり、キリシタン時代に得た自らの思想を全面的に排棄したのでなく、内心では、キリシタンに批判的であったが同時に神儒仏にも批判的であったと思わざるを得ない。〔山本 1978：93〕

ハビアンはキリスト教を捨てて、かつて修行をした仏教や、あるいは神道や儒教に鞍替えしたというわけではない。時系列的にいえば、仏教もキリスト教も、彼にとっては「思想的外套」でしかなかった。すなわち、外套を纏う主体は毀損されることなく保持され続けており、結果として彼の全生涯にわたって変わることがなかったというのである。

ベンダサン名義で、山本はハビアンの日本教について次のようにも述べる。なお、文中の「ナツウラの教へ」の「ナツウラ」とは、「自然《じねん》」を指す。英語でいう「ネイチャー（nature）」である。

従って相手の言葉は、その本人すら心底ではそれを信じていない虚構であり、あらゆる宗教も思想も、「ナツウラの教へ」から出た「日本教」の外装としての仏教・神道と同質だが、直接に「自然」とかかわりをもたぬがゆえに、いわば、すべてがにせものということになるであろう。それはそうなるのが当然であって、普遍主義とは結局、徹底した自己中心で、自分だけが正しく、自分だけが〝本物〟だという無意識の絶対的信仰が前提になるからである。この考えは、もちろん常にハビヤンの根底にあるわけだが、今でも日本にあり、キリスト教でも民主主義でも共産主義者でも、ひとたび日本に入ると、日本以外のそれらは、すべてにせものにされてしまう。〔ベンダサン 1976：226〕

「日本教」の本体は、「ナツウラ（自然）の教へ」とでもいうべきもので、外来の諸宗教（神道については後に触れる）は、その外装以上でも以下でもない。結果として、諸宗教は本来の教義から大いに外れ、全く違った内実を持ったものとなる。

山本は『妙貞問答』でハビアンが擁護したキリスト教は、本来のキリスト教とは全く性質の違うものであるとも指摘するが、その理由は、以上の説明を踏まえれば判明する。ハビアンは、キリスト教の都合のよい部分のみ剥ぎ取って、自身の精神に纏い、それをキリスト教と主張していたのである。これは、決して遠い時代だけの話ではない。現代日本においても、このような傾向は続いていると山本は論じている。

『破提宇子』の出版は、キリスト教団にとって大きなダメージとなり、イエズス会準管区長のコーロスは、「ペストのごとき破壊的影響」を受けたとローマに報告している。しかし、同書はキリスト教の教義を排撃するものとしては、どうにも輪郭がぼやけており、外国人宣教師たちもハビアンが本当に棄教したのか、判断に苦しんだようである。ハビアンが攻撃したのは、彼が取捨選択した「キリスト教の断片」でしかなかったからである。

同書出版の翌年、ハビアンは長崎で没した。外国人宣教師たちが期待していた、彼のキリスト教団への復帰は、最後まで為されることがなかったのである。

第三節　鈴木正三と新しい仏教思想

鈴木正三――武士・禅僧・仮名草子作家

「仕事の思想」を考える際に、生涯のほとんどを宗教の世界で生きたハビアンを登場させたことを、やや奇妙に感じた向きもあるかも知れない。しかし、山本による「仕事の思想」の系譜学は、このハビアンを出発点としているため、彼を知らずして理解することは不可能なのである。

以下、ハビアンに関しての議論、特に「日本教」という考え方を前提として、より直接的に日本における「仕事の思想」に分け入っていきたい。

日本の歴史の中で、被支配者層の人々が仕事について思案することができるようになったのは、既に言及した通り、江戸時代に入ってからである。厳密な意味での「仕事の思想」も、この時期に誕生した。山本が、当該期における思想家として重要視するのは、かの鈴木正三《しょうさん》（一五七九〜一六五五）である。ハビアンも珍しい経歴の持ち主だが、正三も負けず劣らず変わった人生を歩んだ人物だった。

正三は、一五七九（天正七）年、三河国加茂郡足助庄《あすけのしょう》則定《のりさだ》で生を受けた。ハビアンより、十四歳下ということになる。父親は徳川家の家臣である鈴木忠兵衛重次、母親は今川家の家臣である栗生永旨の娘だった。一五九〇（天正十九）年には、正三は高橋衆の鈴木九太夫重次の家を継いでいる。

その十年後の一六〇〇（慶長五）年、彼は父と共に徳川秀忠軍の一員として関ヶ原の戦いに参戦した。このとき、正三は二十二歳である。結果、父は家康から三河国加茂郡に五百石の領地を与えられた。一方の正三は、戦後に下妻の多寶院や宇都宮の興禅寺、小田原の最乗寺、江戸の南泉寺を訪れている。彼は十七歳のときに平 康頼《たいらのやすより》の『宝物集』（平安時代末期の仏教説話集）を読んで以来、仏道への関心が高かったという。

一六〇七（慶長十二）年には、息子の重辰が誕生した。彼の母親は、正三にとって二人目の妻となる鈴木藤右衛門の娘だと考えられている。正三の前妻は早くに亡くなったというが、重辰を生んだ後妻ももう一人子を産んで、一六一一（慶長十六）年に鬼籍に入った。

そして、一六一四（慶長十九）年には大坂冬の陣、翌一六一五（慶長二十）年には大坂夏の陣に参戦し、加茂郡に二百石を加増され、正三は旗本となって江戸駿河台に移住した。その四年後の一六一九（元和五）年には、大坂城番士となっている。この年、儒教からの批判を意識した法話集『盲安杖《もうあんじょう》』を執筆した。

順調に出世しているかにみえた正三だが、翌年である一六二〇（元和六）年、南泉寺の大愚宗築《たいぐそうちく》に従って、彼は突如出家するのである。ここで、法名を正三とする。四十二歳のときだった。なお、南泉寺は臨済宗妙心寺派の寺院である。

正三の出家について、鈴木大拙（一八七〇～一九六六）は次のように説明している。

正三は四十を越えて武家生活と縁を斷つたが、彼には禪者として又世を救はんとする烈烈たる願心が燃えて居た。彼の出家は單なる個人的・私的なものでなくて實に社會的意味をもつて居たのである。世事に失望したか、人間生活に厭き果てて、餘生を山林に送らんとする道人と違つて、正三には大なる菩提心があつた。彼はその修めたところを、そのままで、世間に役立つものとしなくてはならぬことを主張した。彼は武家生活が、いやになつたとか飽いたとか、又それに對して何かの不平があつたと云ふことでなく、圓滿《えんまん》にそれから離れてしまつたのである。彼は出家しても依然として今までの武人であつたのである。それ故、彼は一面において出家——職業的僧侶——を攻撃して止まなかつた。［鈴木大拙 1968：206］

出家した正三は、極めて厳しい仏道の修行に励みつつ、同時に、仮名草子『因果物語』なども執筆している。また、一六三一（寛永八）年には、後に『四民日用』の一部となる「武士日用」を書き上げた。一六三二（寛永九）年、石平山恩真寺を創建。また、仮名草子『二人比丘尼』、『念仏草紙』を完成させている。

この五年後、かの島原の乱が起きる。正三の弟である重成も、鎮圧のために出征することとなった。乱が収まった後の一六四一（寛永十八）年、重成は天草初代代官に就任している。正三は重成を支援するため、翌年天草に出向く。ここで三年にわたり仏教の布教に努めただけではなく、『破吉利支丹《はきりしたん》』を執筆して寺院に配布した。この書は、タイトルから想像できる通り、反キリスト教の書である。

武士として、禅僧として、また仮名草子作家として活躍した正三は、一六五五（明暦一）年に七十七歳で没した。そのとき、彼を見送ったのは弟子四十六人だったという。彼の死後も、生前書き上げていた書や、語録『驢鞍橋』などが次々と版行されている。

正三と職業倫理

荒廃した戦国の世に生まれ、時期によって居場所と立場を変え、宗教に深く関与し、江戸の平和が訪れた頃にキリスト教への批難を行う——正三の生涯を概観すると、どういうわけかハビアンのそれと、どこか似通っているようにも感じられる。

山本は、ハビアン同様、正三は極めて重要な思想家であると主張したが、中でも先ほど書名を挙げた『四民日用』（後に『万民徳用』に収録）の内容に繰り返し言及している。求めに応じて紀州の加納氏宅で書き始められたという同書は、最終的に一六四七（正保四）年に完成した。

この『四民日用』は、「武士日用」・「農人日用」・「職人日用」・「商人日用」の四部で構成されている。タイトル通り、それぞれの職業に就いている人々が如何なることを心掛けて日々を生きるのが適切か、仏教的観点から説いたものである。つまり、職業倫理に関する書だった。分類するならば法話集だが、当時の仏教者が、俗世間の仕事に絡んだ話をするのは、決して普通のことではなかった。

この件については、小室直樹の透徹した説明を引いておきたい。

仏教教団たる僧伽《サンガ》は、出家した者である比丘《びく》と比丘尼《びくに》からできていた。僧伽における生活は、一般社会における経済生活とは完全に絶縁していた。僧伽における規則、律は、労働を厳禁していたのであった。経営や商売は言わずもがな。僧伽においては、労働は救済の保証であるどころではない。労働などをしていたのでは、救済（このうえなき悟りをひらいて解脱する。涅槃に入る）から遠ざかるばかりである。いや、僧伽の律によって、労働そのものが厳禁されている。［小室 1992：53］

仏教は、教団内における僧の労働を厳しく禁じるものであり、俗世間での労働を評価するという価値観も備えていない。そのため、職業倫理を説く仏教というのは、その時点で、仏教の本道から外れているのである。これは、決して学問的に厳密な話をしているのではない。もし、俗世間での労働が「教義において」評価されるのならば、出家なる行為も概念も、見事に崩壊してしまうからである。

以上のような事情があるにも拘わらず、正三は禅僧の立場から職業倫理を説き語った。これは、日本の仏教史上において初めてのことである。

もちろん、厳密に仏教を思想史的に考えれば、この前段階に平安時代における天台本覚論（天台宗）、鎌倉時代における専修念仏（浄土宗）があって、正三の職業倫理論が生まれたとはいえる。しかし、それは必ずしも必然のものとはいえない。正三による「思想的跳躍」があって、これが可能となったと捉えるのが適切だろう。そして、ここにはもう一点、既に論じた要因を付け加えなくてはならない。

彼〈正三のこと＊引用者注〉だけでなく、徳川時代特に初期の著者に共通する問題意識は、いかにして南北朝時代、戦国時代といった全国的混乱を防いで秩序を確立するか、という点にあった。そしてすべての人が、あのような混乱と内戦の半永久的継続状態を嫌悪し、そのような状態の再来しないことを願ったとしても、それは不思議ではなかった。［山本 1979a：24］

「戦国から江戸へ」という時代状況が、正三のような仏教思想が生まれた最大の要因の一つなのである。山本が、当該期を重要視するのは、現代に繋がる日本の思想の基礎が築かれた時代であると考えているからに他ならない。つまり、江戸の初期から中期にかけての社会思想の多くには、「戦争を必要とする社会」への嫌悪と、「戦争を必要としない社会」への希求が、明確に込められている。

江戸時代の「治教一致」

戦国時代に逆戻りすることを恐れていたのは、庶民だけではない。幕府側も、自らに牙を剥く勢力や、治安を悪化させる無法者の出現を、如何にしても抑えたいと考えていた。現代的発想に基づけば、このような状況下で行うことは、軍事力の増強、警察権力の拡大、そして厳格な法の整備になるだろう。しかし当時は、そのような人員も、経済的余裕も、それらを補うような科学技術も存在しなかった。

そこで、幕府が採った方法は、いわゆる「治教一致《ちきょういっち》」と呼ばれるものである。

> 徳川時代の「治教一致」は、「ああ考えなさい」「こう行いなさい」という形で各人の発想を内外から積極的に一定の方向に誘導する「肯定的戒命」を主としている。いわば、人々の発想を制限することによって、結果として秩序を成り立たせ、そこに住む人間の内心の秩序と社会の秩序との間に矛盾を感じさせないという形でこれを統治する行き方である。すなわち「治」は「教」の成果としてごく自然に上ってきて、人びとがその中にあってそれをごく自然と感じうる状態を現出することを目的としている。〔山本 1979a：39〕

これは、恐怖政治ではなく、教育によって人々を穏やかに統治する方法である。その際に幕府は、「これをしてはいけない」という否定的戒命ではなく、「これをするべきである」という肯定的戒命を下すことを行った。「治教一致」とは、すなわち道徳的な教化によって、巧く統治することを目指すものだったといってよい。

このような発想は、古代ギリシア以来の伝統を持つ、西洋の思想には希薄である。プラトンではなく、アリストテレスの社会思想を祖とした西洋の政治哲学は、「法の支配」をその屋台骨としている。人間の恣意ではなく、揺るぎない成文法によって、人々の動きを制限するというものである。法の支配によって運営される共同体は、必ずしも道徳的な教化を必要としない意味でも、極めて効率的ではある。しかし、社会的紐帯を確かなものにする機能を持ち合わせておらず、例えばその働きは、宗教たるキリスト教に委託する他ない。

それに対して、幕府の「治教一致」は、即効性が乏しいという弱点を備えているものの、一度定着すれば、これほど心強いものはない。ある程度の期間を経て浸透した道徳は、人々の自発的行動を促し、それが大小問わず共同体の維持存続に利するからである。

悪意のある表現をすれば、被支配者たちが、自ら進んで幕藩体制を支えることになるといえる。しかし、この状態を創出するためには、最低限の平和の維持と、人々の教養レベルの向上が必要となる。幕府はそのために、既に触れた参観交代などの制度や、庶民のための初等教育施設、いわゆる寺子屋の創設を推奨した。結果として、幕府は約二百六十五年も存続できたのであり、その統治の手腕を評価しないわけにはいかない。

山本は「治教一致」について、次のような指摘も行っている。

この「治教一致」という統治思想の原則は徳川時代に確立された原則だと言ってよい。いわば幕府の統治思想を代表する知識人新井白石から真宗の伝導文書、幕末の新興宗教、尊皇思想家に至るまでに共通した発想なのである。白石は潜入宣教師シドチの「(自分の師は)国に入ては、国にしたがふべし。いかにも其法に違ふ所あるべからずと候ひしかば、骨肉形骸のごときは、とにもかくにも国法にまかせむ事、いふにおよばず」という言葉をしりぞけている。シドチは「骨肉形骸」すなわち自己の肉体が日本の法により外的規制をうけることは当然と考えており、それは絶対に守るから「教」を説かしてくれと言っているが、「治＝法」が「教」を基礎としている「治教一致」の国ではこれは無理であって、その統治思想を代表する白石がこれを斥けたのは当然のことと言える。〔山本 1979a：40-41〕

いうまでもなく、新井白石（一六五七～一七二五）は第六代将軍の徳川家宣（一六六二～一七一二）に仕えた儒者である。一七〇八（宝永五）年、彼は日本に密航を企てて逮捕されたイタリア人イエズス会士シドッチ（山本はシドチと表記）の尋問を行った。白石の『采覧異言《さいらんいげん》』と『西洋紀聞』は、そのときの模様を記録した書である。

シドッチは日本の法を遵守することを誓い、その代わりとしてキリスト教の布教許可を欲したが、これを白石は一切認めなかった。その理由は、山本がいう通り、日本は「教」がそのまま統治に繋がるものとして機能していたからである。シドッチは、この日本の特性を一切理解せず、自国での常識こそが世界の常識と信じて日本にやって来た。

かつて、鎖国下の江戸時代においてキリスト教が禁じられたのは、それが「神の前における万民の平等を説くもので、日本の身分制度にそぐわないため」という主張が行われたことがあった。これは、しばらく学校教育でも採用されたほどの説だが、当時のキリスト教国たる西洋諸国が、いずれも厳格な身分制度を持っていたという事実によって反論され、今や支持者を見付けることもできなくなった。

鎖国下の日本でキリスト教が禁じられたのは、第一に「治教一致」の観点から説明されるべきものである。教の部分に、「戦争を必要としない社会」を危うくする「異質な要素」を入れることを、幕府は殊更恐れていた。特にキリスト教（カトリック）は、サン・フェリペ号事件（一五九六）、そして島原の乱（一六三八〜三九）によって、極めて合理的に遠ざけられていたのである。

「心学《ソウロロジイ》」と「自然《ナツウラ》」——山本が向けた独自の視点

山本は、幕府が「戦争を必要としない社会」を構築する中で生まれたものこそが、「心学」（Soulology）と称されるべき思想だと論じる。ただし、ここでいう「心学」は、江戸時代にその名で呼ばれることの多かった陽明学のことではない。いうならば、石田梅岩を祖とする石門心学に繋がると考えられる思想のことである。

なお、これは歴史的にも学問的にも常識とされる使用法ではなく、山本独自の用語であることは注意しなくてはならない。よって、彼の定義する「心学」については、彼の表記に従って「ソウロロジイ」というルビを振ることとする。

『勤勉の哲学』には、「心学《ソウロロジイ》」に関する次のような説明がある。

> 一体「心学」とは何であろうか。私はこれを一応「心学《ソウロロジイ》」と定義し、西欧の「神学《セオロジイ》」に対比すべき思想と考える。この「心学《ソウロロジイ》」にとってはその中心的命題は常に自己に内在する何か

——それを「仏性」と呼んでもいいし、「人間性」と呼んでもいい——であり、思想はあくまでも「薬＝方法論」であって、思想それ自体を決して絶対視しない考え方なのである。前にのべた不干斎ハビヤンも正三も、殉教を鋭く批判している。これはあらゆる思想を薬と考える心学的立場から見れば当然のことで、人間が薬に殉じたらそれこそ本末転倒である。［山本 1979a：48］

この思想の特徴は、自身の心の中には元来、仏性や人間性というものが備わっていると信じる点にある。つまり、自らを厳しい修行によって高め、今とは違う段階に引き上げることで「救済」に至る、という考え方とは対照的である。初めから仏性や人間性が自己の内部にあるのであれば、重要なのは、それを「発現」させることに他ならない。これは、明らかに仏教の教義に反している。

このような「心学《ソウロロジィ》」の説明を知れば、本章で既に取り上げた、ある考え方を想起する向きも多いはずである。それは、ハビアンの語っていた「ナツウラ（自然）」である。ここで山本が使用している仏性、人間性は、実は「ナツウラ」のことに他ならない。なお、仏教用語としての「自然《じねん》」は、通常、「人為の加わらない本性」を意味する。

われわれはもちろん、今なおこの発想のもとに生きている。たとえば「自然・不自然」という概念は内心の規範であり、この場合の「自然」は外部の自然を意味していない。そして

「不自然」と規定された場合、現代でもなお、内容の正否にかかわりなくその言葉も行為も否定される。いわば「不自然な言い方」「不自然なやり方」は、この言葉や行動の内容が正しくとも否定される。同時に現代のこの「自然・不自然」という概念には「自然《じねん》」という要素が入っており、時の経過とともにある状態に「化為《なる》」のが最上であるという意識、いわば「水の低きにつくが如く」、自然現象のように結果を招来するのが最もよい状態で一切の「作為《はからい》」は悪であるという意識も入っている。そしてこれらを総合したものが今でも「日本的自然法的意識」といった形で人びとを規制しており、これがほぼ絶対化していることは否定できない。〔山本 1979a：44-45〕

この考え方に従えば、人生における苦悩の多くは、内面に備わった仏性が「覆い隠されていること」によって生じるものとなる。

通常、私たちは、何事か問題が発生すれば、その原因を自己の内外両面に求めるが、「心学《ソウロロジイ》」では、原則としてその視線は、第一に自己の内側にこそ向けられる。もちろん、自己以外が原因となっていることが明らかなもの、例えば他者から犯罪行為を受けて生じた問題については、その限りではないだろう。しかし、もっと曖昧模糊とした苦悩については、解決のために、原因究明の目が社会に向けられることは極めて少なくなる。

体制側からすれば、「心学《ソウロロジイ》」のこのような性質は、大変有用なものとなる。なぜならば、人々の悩みの大部分は、明確な「被害」によって立ち現れるものではなく、本質的に原因究明が困難な曖昧模糊としたものだからである。この曖昧模糊とした苦悩こそが、多くの場合に体制への破壊衝動となり、それが極点に達したときには、武力を用いた行動が引き起こされることは、歴史を振り返れば納得できるところだろう。

そして、人々の欲する「救済」が、彼らの内に備わっている「自然」を発現させることで叶うならば、日本における宗教家の仕事は、他国におけるそれとは全く異なったものとなる。正三の説く「職分仏行説」の意義は、以上の背景を知った上でしか、正しく理解することができない。

個人の境遇を「所与」のものとする考え方

正三の思想を、山本が「心学《ソウロロジイ》」に分類するのは、実際に著書にあたれば、実にもっともなことに思われる。例えば、『盲安杖』には、次のような件がある。

縦《たとへ》学文ひろくして、如何程物をしりたりとも、己をしらずば物しりたるにあらず。去ば己をしらずして余所をしる事有べからず。をのれを更にしらざる人は、愚なる己が心を本として他をそしり、心にあふをよみんじ、直《すなほ》にしてしたがはざるを悪み、万事に憤ふかく、みづから己を苦しめて、心をなやます事は、偏《ひとへ》に己が僻ごとなる故なり。［鈴木正三 1962a：51］

どれほど学問に通じたとしても、あるいは知識を蓄えたとしても、自分を知らなければ本当の意味で「物を知っている」とはいえない――この主張は、自己の内部に仏性を認めているならば、当然のことだろう。学問をはじめとした外部に存在する全ては、自己の仏性に至るための道具でしかないからである。

続けて、正三は説く。自分を知らずして、他の存在を知ることもないし、自分を知らない人は、愚かな自分の心を基にして他者や他の存在を誇り、気の合う者だけを称賛して、自らに従わない者を嫌悪する。何事につけても深く憤る者は、自らの不心得がその原因であるのだ、と。

これは、まさに山本の「心学《ソウロロジイ》」そのものである。全ての原因を自己の心の状態に帰すのは、一見自虐的に思えるかも知れない。また、専ら支配者層の都合に合わせる「精神的装置」と感じられる可能性もあるだろう。しかし、この「心学《ソウロロジイ》」は、決して庶民のみを対象としたものではない。後述する通り、支配者層もその対象に含んでいる上、彼らの多くも進んで受け容れたものだった。

このような思想は、政治的安定に貢献すると共に、強烈な「個」の意識を作り上げるという効果を持つ。各自が、他ならぬ自己の心に意識を向けるのだから、それは当然のことだろう。共同体における全ての成員が、強い「個」の意識を持ち、生きていく上での種々の問題を、心の状態を改善することによって解消しようとする社会というのは、徳治主義の一理想に違いない。

しかし、強い「個」の意識を涵養することによって、これまでみられることのなかった疑問も生まれることになる。それは、自己の現在の「境遇」に関するものである。

当時の社会は「士農工商」の社会であり、人間は決して社会的には平等ではない。と同時にこの状態自体は「貪瞋痴《とんじんち》」という「三毒」によっておかされた状態でなく、逆に、この秩序に不満をもって「貪瞋痴」に陥ること自体が「病気」のはずである。ではなぜ、社会には階級的不平等があり、その階級の中での各人の運命に差があるのか。［山本 1979a：65］

山本の『勤勉の哲学』は一九七九（昭和五十四）年の刊行であり、ここで引いた箇所についても、現在の江戸時代に関する研究から、補足の説明が必要となる。

かつて、江戸時代の士農工商は厳格な身分制度を表すものであり、前から順の序列がついたものと説明されていた。しかし、現在は、当時使われた士農工商という語は、「世の中のあらゆる職業」という意味であったことが知られ、また士農工商の「農工商」には一切階級的な差がなかったこともわかっている。ただし、「士」と「農工商」の間には、明らかな身分の差が存在した。

以上を踏まえた上で先の箇所をみると、次のようになる。世の中には様々な境遇の者がいて、また様々な運命の者がいる。そのようなことを、もし全て肯定的に捉えるべきならば、如何なる説明が可能となるのか。すなわち、このような問いである。

この疑問についての正三の答えは、すぐれて仏教的なものだった。すなわち、「貴賤、上下、貧福、得失、命の長短、皆是先世《せんぜ》の因果なり」［鈴木正三 1962b：71］と断言するのである。「先世の因果」とは、噛み砕いて表現すれば「前世における行為の結果」ということとなるだろう。これはつまり、我々には触れることのできない領域に、それぞれの境遇や運命というものを追い遣る回答といえる。前世は変えることができないので、この世に生まれたときの状態に異議申し立てをすることは、全く意味を為さないこととなる。できることといえば、今世を充実させ、来世の福徳を願うことだけである。

このような仏教的思考について、現代人は承服しがたいものを感じるかも知れない。しかし、如何に科学技術の進歩した時代であっても、生まれる場所や家をはじめ、性別や健康状態に至るまで、「主体的に」選択することは絶対に不可能である。生む親の側が何らかの操作をすることができる場合があっても、生まれる子の側にそれを行うことができないのは、全ての時代に共通している。

つまり、正三の教説は、個人の境遇を「所与」のものとする効果を持つものだった。そして、個人の苦悩は、心の状態を改善することで解決するものと捉えられ、社会に異議申し立てすることは、原則として選択肢から消滅することとなる。ここにおいて、日本における「仕事の思想」が、明確な形で打ち出されることとなった。それは必然的に、心の状態と仕事とを強く関連付けたものとなるだろう。

第四節　鈴木正三による「仕事の思想」

正三の「仕事の思想」①——農人日用《のうにんにちよう》

正三は武士の家に生まれ、戦で武功を挙げ、出家して禅僧となり、また仮名草子の作家としても活躍した。このような経歴を持つ彼だが、『四民日用』では「士農工商」それぞれの仕事について、仏教的観点から自身の考えるところを論じている。それは、仏教の教義から判断すると、宗教的な評価は別にして、疑いなく革命的なものだった。
初めに、当時最も人口の多かった仕事、農業について語られた「農人日用」の箇所から確認してみたい。なお、十七世紀中盤の日本における総人口は、研究者によって差があるものの、概ね二千四百万人であり、そのうちの農民の割合は約八十パーセントだった。

農人問云、後生一大事、疎ならずといへども、農業時を逐て隙なし、あさましき渡世の業をなし、今生むなくして、未来の苦を受べき事、無念の至なり。何として仏果に至べきや。［鈴木正三 1962b：68］

「農人日用」は、ある百姓のこのような問いから始まる。その内容を要約すれば、仏教の修行に励んで開悟したいという思いはあるが、農業が毎日忙しくて時間的余裕がない。一体、如何なる解決策が考えられるか、となる。仏教を深く信仰している百姓が吐露した、切実な悩みである。
これに対して、正三は次のように答えた。

農業則仏行なり、意得悪時は賤業也。信心堅固なる時は、菩薩の行なり。隙を得て、御生願と思は誤なり。かならず成仏をとげんと思人は、身心を責て、楽欲する心有て、後生願人は、万劫を経るとも成仏すべからず。極寒極熱の辛苦の業をなし、鋤鍬鎌を用得て、煩悩の叢茂此身心を敵となし、すきかへし、かり取と、心を着てひた責に責て耕作すべし。身に隙を得時は煩悩の叢増長す、辛苦の業をなして、身心を責時は、此心に煩なし。如レ此四時ともに仏行をなす、農人何とて別の仏行を好べきや。〔鈴木正三 1962b：68-69〕

この回答の最重要箇所は、いうまでもなく「農業則仏行」である。日々の農作業という「労働」が、そのまま「仏行」となる――驚くべきことに、正三はこのように力強く答えを返したのだった。「俗世間での労働」を評価する価値観に立脚していない仏教から、このような意見が導き出されるなど、一般的には考えられない話である。

ただし、正三はこうも付け加えている。漫然と農作業に取り組んでいては、修行にはならない。むしろ、心構えが悪ければ、農作業は賤しい仕事としかならないだろう。しかし、堅い信心を内に抱いて励めば、日々の農作業は「菩薩の行」とすらなる、と。正三の「農業則仏行」は、無条件に「農業＝仏行」と主張するものではなく、前提として、「正しい心の持ち様」が要求されるものであることには、注意が必要である。

そして、「身心を責て」とあるように、正三の要求している姿勢は、決して生易しいものではない。最大の敵となるのは、「楽欲する心」であり、欲望に溺れようとする軟弱な意思である。また、「煩悩の叢茂此身心を敵となし」とある通り、彼は人間の内に煩悩という雑草が繁茂していることを、十分に知っていた。つまり、よほどのことがない限り、煩悩を退けて、信心深く農業に打ち込むことなどできないと認識した上で、「農業則仏行」と説いているのである。

さらに「身に隙を得時は煩悩の叢増長す」とも述べる。身体的な暇ができてしまうと、やはり心の中に煩悩の草むらが茂るというのである。そのため、怠惰を寄せ付けない、ひたすら勤勉な姿勢が必要となる。ここにおいて、正三が要求したのは、「恪勤精励な農民」たることであると判明する。

このようにみた上で、再考したい。正三のいう農業は、果たして「俗世間の行い」といえるようなものだろうか。客観的にみれば、彼の要請に応える百姓とは、日々田畑で農作業に励む者でしかないだろう。しかし、彼の内面は、明らかに宗教的な修行に臨む者のそれである。宗教が「目に映じない何ものか」を語る機能を持つものだと思い起こせば、正三によって導かれた百姓をして「修行者」と表現することに、異議が呈せられることは考えにくい。

ただし、繰り返すように、仏教自体は「俗世間での労働」を評価するような教義を備えていない。これを踏まえれば、やはり正三の信じる仏教は、通常の意味でのそれとは判じ難いものだろう。

正三の「仕事の思想」②——職人日用

次に「職人日用」に表明されている、正三の職人に対する「仕事の思想」をみてみたい。これは、論理としては「農人日用」とほとんど同じである。構成自体も「農人日用」同様で、職人の「後世菩薩大切の事なりといへども、家業を営に隙なし、日夜渡世をかせぐ計なり、何としてか仏果に到べきや」［鈴木正三 1962b：70］という質問から始まっている。

正三に質問していた百姓もそうだが、この職人も「家業を営に隙なし」と話しており、仏道修行のための時間的余裕がないことを切実に訴えている。生活していくために仕事をしていると、毎日大変忙しいと嘆いているわけだが、これはつまり、この時代においては相当に経済が発展していることを証明するものでもある。

そして、職人に対する正三の答えは、次の通りだった。

何の事業も皆仏行なり。人々の所作の上にをひて、成仏したまふべし。仏行の外成作業有べからず。一切の所作、皆以世界のためとなる事を以しるべし。仏体をうけ、仏性そなはりたる人間、意得あしくして、好て悪道に入事なかれ。本覚真如の一仏、百億分身して、世界を利益したまふなり。鍛冶番匠をはじめて、諸職人なくしては、世界の用所、調べからず。［鈴木正三 1962b：70］

「農業則仏行」同様に、ここでも「何の事業も皆仏行なり」あるいは「仏行の外成作業有べからず」という主張が現れる。もちろん、漫然と仕事をするのではなく、第一に自らの内に篤い仏教への信心を持たなくてはならない。しかし、それを備えてさえいれば、全ての仕事が仏行となる、と説いているのである。

また、「一切の所作、皆以世界のためとなる事を以しるべし」とは、「全ての仕事が世の為になるものと知るべきである」という意になるが、これは重要な内容である。この少し後に、「本覚真如の一仏、百億分身して、世界を利益したまふなり」とあり、仏が無数に分かれて世の中に利益を与えているという主張がみえるからである。すなわち、職人の仕事は、正しく為されれば、「仏の行い」と本質的に変わらないということになる。

また、正三はこのようにも論じている。

後世を願といふは、我身を信ずるを本意とす。誠成仏を願人ならば、唯自身を信ずべし。自身を信ずるといふは、自身則仏なれば、仏の心を信ずべし。仏に慾心なし、仏の心に嗔恚《しんい》なし、仏の心に愚痴なし、仏の心に生死なし、仏の心に是非なし、仏の心に煩悩なし、仏の心に悪事なし、如レ此の理を信ぜずして、私に貪欲を作出、嗔恚を発、愚痴に住在して、日々夜々、我執、我慢邪見妄想を主として、彼に随て、苦痛悩乱の心、休《やむ》時なく、本有の自性を失て、一生空《むなしく》大地獄を造堅て、未来永劫すみかとせん事、かなしまざるべけんや。［鈴木正三 1962b：70-71］

初めにある「後世《ごせ》を願」というのは、「来世の安楽を願う」の意である。正三は、来世の安楽を欲するのならば、まず我が身を信じる必要があると主張する。その理由は、「自身則仏」だからである。仏の心は煩悩から解き放たれたものであり、自らの内にある仏もその心を持つものであるから、それを信じることによって「仏道に適う生き方」が可能となり、来世の安楽も保証される。これが、正三が職人に伝えたことだった。

この考え方は、まさしく山本のいう「心学《ソウロロジイ》」そのものだろう。問題は自身の心の「曇り」に起因し、それを解消する方法は、心に備わった仏の声に従うこととなる。そして、その心のあり方を維持しながら仕事に励むことは、世の役に立つ行いとなり、結果として自身の「救済」にも繋がるのである。

以上のような解決方法の特徴は、「自身と、その心との間」で完結することにある。そして、「自身と、その心との間」とは、結局は「一個人」を指すものに他ならず、外部から眺めれば、何ら積極的な行動を起こしていない状態といえる。

正三の「仕事の思想」③——商人《あきひと》日用

正三が『四民日用』に収録される原稿を書き始めたのは、一六三一（寛永八）年のことだった。この『四民日用』を収録した『万民徳用』が、一冊の書として刊行されたのは一六四七（正保四）年であり、原稿自体は寛永・正保・慶安期に書き進められたものと判断してよいだろう。平和が実現し、社会が安定して、経済が著しい成長を始めた時代である。

このような時期に最も勢力を拡大しつつあったのが、他ならぬ商人だった。しかし、商業は儒教では否定され、仏教でも忌み嫌われていた。如何に手元に利益が残ろうが、宗教的には満たされていなかったのが、商人だった。しかし、この後も経済成長は続き、商人の力はますます高まっていく。「商人日用」に登場する商人も、そのような時代状況の中で生きた人物である。なお、職人と商人を合わせて町人と呼ぶが、当時の町人の割合は、全人口の中で、大体十パーセントだった。

正三に対して、仏教を深く信じる商人は、このように質問している。「たまたま人界に生を受といへども、つたなき売買の業をなし、得利を思念、休時なく、菩提にすゝむ事不レ叶、無念の到なり。方便を垂給」〔鈴木正三 1962b：71〕。

拙い売買の仕事に従事し、利益を得ようと思う気持ちが休まることもなく、悟りの道に進むことができずに無念である。商人はこのように悩みを吐露し、正三に解決策を求めているのである。これに対して、正三は次のように述べている。

> 売買をせん人は、先得利の益べき心づかひを修行すべし。其心遣と云は他の事にあらず。身命を天道に抛《なげうっ》て、一筋に正直の道を学べし。正直の人には、諸天のめぐみふかく、仏陀神明の加護有て、災難を除き、自然に福をまし、衆人愛敬、不レ浅して万事心に可レ叶。私欲を専として、自他を隔、人をぬきて、得利を思人には、天道のたたりありて、禍をまし、万民のにくみをうけ、衆人愛敬なくして、万事、心に不レ可《ラ》レ叶《フ》。〔鈴木正三 1962b：71〕

『四民日用』で最も革命的な内容は、疑念の余地なく「農業則仏行」をはじめとした、仕事がそのまま仏行であるとする主張にあった。いわゆる、「職分仏行説」である。

これは、日本仏教史上においてそうであるのみならず、日本思想史全体からみても強烈なインパクトを持つものだった。そして、その次に読者を驚かせる主張は、今引いた「商人日用」における「売買をせん人は、先得利の益べき心づかひを修行すべし」というものに違いない。これは、直訳すれば「売買をする人は、第一に利益を増やすような心遣いを修行すべきである」となる。

仏教の世界に身を置く者が「利益を増やす方法を考えよ」などと発言すれば、現在でも奇妙に響くことだろう。仏教はもちろん、宗教の多くは、俗世間の価値観を超越しようとして、特に金銭欲の否定を行うことが多い。そのために、多くの利益を得るような仕事は、宗教的観点からは、余り評価されることがない。しかし、正三は商人の悩みへの回答の最初に、利益を増やすことを考えるべき、と語ったのである。これは当時も、相当驚かれたに違いない。

しかも、利益の増大と仏行とが、意外な形で繋げられることとなる。自らの身命を天道に投げ打って「正直」の道を学び、私欲を抑えて商売を行う者は、仏や神の加護によって災難が除かれて自然と福が増すだろう、というのである。「福が増す」というのは、文脈的に考えて、「利益が増大すること」を意味する。ここにおいて、自らが獲得する利益は、ある意味で信心の深さの「証明」とされたのである。

正三の個性的な商人論は、さらに続いていく。

売買の作業、則無漏善となすべき願力を以、幻化の理を守て信心をはげまし、此身を世界に抛《なげうっ》て、一筋に国土のため万民のためとおもひ入て、自国の物を他国に移、他国の物を我国に持来て、遠国遠里《おんごくおんり》に入渡し、諸人の心に叶べしと誓願をなして、国々をめぐる事は、業障を尽すべき修行なりと、心を着て、山々を越て、身心を責、大河小河を渡て心を清、漫々たる海上に船をうかぶる時は、此身をすてて念仏し、一生は唯、浮世の旅なる事を観じて、一切執着を捨、欲をはなれ商せんには、諸天是を守護し、神明利生を施て、得利もすぐれ、福徳充満の人となり、大福長者をいやしみて、終に勇猛堅固の大信心発て、行住座臥、則禅定と成て、自然に菩提心成就して、涅槃の妙薬、すなはち無碍大自在の人となりて、乾坤に独歩すべし、尽未来際の悦、何事か如」之哉。堅固に用よ、用よ。［鈴木正三 1962b：72］

文中の「無漏善」の「無漏」とは、「煩悩から離れた清浄な状態」を意味する仏教用語である。つまり、売買の仕事は煩悩から解放された、清らかな心で行う「善」たらねばならないと、正三は主張している。私欲から利益を増大させようとする行為は、商人には許されないということになる。

次に語られている商人の職分は、この後の歴史を考える上でも重要なものといえる。商人とは「自国の物を他国に移、他国の物を我国に持来て、遠国遠里に入渡し、諸人の心に叶べしと誓願」せよ、という箇所である。商人は、流通を担う存在であり、遠くの地まで必要な物資を行き渡らせて、人々の心を充足させるべきというのが、正三の持論だった。ここには、当時広く存在していた賤商観が全くみられない。

ただし、飽くまで仏に帰依することは忘れてはならないとしている。念仏し、一切の執着から離れた上で、私欲を捨てて商売に打ち込むことを、正三は求めた。これを実行するならば、「福徳充満の人」となるだろう、とも説いている。

しかし一方で、「大福長者」、すなわち極端に裕福な人については、「いやしみて」とある通り、強く批判を加えている。これは、単に莫大な利益を上げた者を指すのではなく、その財産を「消費」して、物質的に優雅な生活を送る者のことだろう。仕事で稼ぎが多くとも、それを使わなければ、外面的に「大福長者」とみられることはないからである。正しく利益を上げることは称賛するが、消費を批判的に捉える理由は、それが何より私欲に基づくためだろう。少なくとも、「大福長者」とみられるような金の使い方は、剥き出しの私欲によるものとしかいえない行為である。

正三の「仕事の思想」④——武士日用

『四民日用』で最初に据えられているのは、「武士日用」である。つまり、当時、全国民の七パーセント程度の人口だった武士層に向けて、日々の心構えを説いたものから開始しているのである。本書は「仕事の思想」をテーマとしていることから、先に農工商に関する考察から確認したが、「武士日用」にも、もちろん興味深い内容が含まれている。その中心となるのは、既に何度か登場した「正直」という心の状態についての言及である。

なお、「武士日用」には、いわゆる武士の職分についての言及はほとんどなく、武士が仏道修行をする際のアドバイスが中心となる。初めに置かれた武士から正三に向けた質問も、「仏法世《せ》法《ほう》、車の両輪のごとしといへり。雖レ然仏法なくとも、世間に事闕べからず、何ぞ車の両輪に譬たるや」［鈴木正三 1962b：64］というものだった。

仏法と、世法すなわち俗世間の法は、よく「車の両輪」といわれる。しかし、仏法がなくとも、世法さえあれば世の中に不都合は生じないのではないか。にもかかわらず、そのような譬えがあるのは、一体どういう理由からか。武士からの質問は、概ね以上のような内容だった。これはつまり、仏教の存在意義についての質問であるとも理解可能だろう。

実際に正三の回答は、武士に対してのみならず、広く仏教の存在意義を説くものとなっている。そして、そこには「正直」についての自身の考えも含まれていた。


仏法世法二にあらず、仏語に、世間に入得すれば、出世余なしといへり、仏法も、世法も、理を正、義を行て、正直の道を用の外なし。正直といふに浅深有。理をまげず、義を守て、五倫の道、正して、物に違ず、私の心なきをば世間の正直とす。是は浅きより深に入の道なり。又仏法の上に正直といふは、一切有為の法は、虚妄幻化の偽なりと悟て、本来本法身《ほっしん》、天然自性のままに用を真の正直とす。［鈴木正三 1962b：64］

これを意訳すると、概ね次のようになる。仏法と世法を、二つの別個のものと捉えるのは誤りである。両者は、理を正して義を行い、正直の道を用いる意味では同一だからである。しかし、正直にも浅いものと深いものがあり、世法は前者、仏法は後者に対応している。浅い正直とは、理を曲げることなく義を守り、五倫の道を正して物に違わず、私心のない状態を指す。それに対し、深い正直とは、全ての有為法が虚妄であり、幻影であり、また偽りであると悟った上で、本来自身の身に備わる法身を、天の与えたそのままに用いることである。

これを解せば、「浅い正直」の意味は、今も一般的に使用される「正直」の意味を数段厳密にしたもので、道徳的に高い水準にあり、また私心に打ち克った状態を指すものといえる。そして「深い正直」とは、世の中の形あるものが、全て虚妄かつ幻影であることを悟り、さらに自身に備わっている法身、すなわち仏陀の究極の本体である理法そのものを、正しく発現させることを指すのだろう。後者は、確かに仏法なくして実現不可能だが、それらは、同じ「正直」という状態における、深浅の度合いの違いでしかないというのが、正三の説くところだった。

そして、この「正直」についての考え方が、山本のいう「心学《ソウロロジイ》」に基づいたものであることは、もはやいうまでもない。仏性は心の内側に予め備わっており、それを正しく発現させることこそが、仏教の「効能」と捉えられているからである。

職分仏行説と日本資本主義の精神

以上、『四民日用』を、仕事別に確認してきた。ここで理解できたことは、正三が日々の仕事を宗教的修行より下にみるどころか、「宗教的修行そのもの」と考えていたことである。繰り返すが、これは伝統的な仏教からは出てこない発想である。ただし、漫然と仕事に取り組むことでは、修行とは認められない。常時、深い信心を携え、社会的な意義を確認しながら懸命に働くことで、ようやく修行となり得るのである。

このような考え方の前提にあるのは、誰しも心の中に仏性が備わっているという確信だった。これがあるからこそ、人々が「救済」されるにあたって、俗世間から距離を置いた修行は不必要と説くことが可能になったのである。「仕事＝宗教的修行」と信じた人々は、かつてよりはるかに熱心に働いたことだろう。そして、彼らの目指す方向には、常に「公益」があったことも重要である。

正三の「仕事の思想」の性質を、山本は『日本資本主義の精神』において、次のように整理している。

正三のこのような発想には、戦乱から秩序へという時代的背景があったであろう。確かに秩序は成り立った。平和は来た。しかし同時に「戦国の夢」は消え、一種の精神的閉塞状態を招来した。士農工商は徐々に固定していき、人びとが何に「生きがい」を求めてよいかわからぬ時代が来た。この中で、正三は、日々の業務の中に宗教性を求めることに、解決を見いだそうとしたといえる。農業は仏行であり、一心不乱に行なえばそれは自らを成仏さすだけでなく、社会を浄化しうるのである。職人が一心に働けば、品々が限りなく出て世のためとなるが、これも一仏の徳用であり、それを行なっている者はありがたき仏性を具足しているのである。商人が前記のごとく需要と供給のあいだをつなげば、それは世の人を自由にし、同時に自らも成仏できるのである。〔山本 1979b：132〕

平和と治安のよさは、多くの人々に対して安全を保障し、明日への投資を促すが、その一方で、毎日を予定調和のものとして、政治的にも経済的にも「一発逆転」の機会を喪失させる。人間は、ただ生きるだけでは満足しない動物である。恵まれた環境下における「安定」も、次第に「退屈」に転化する。生涯、同じような日々が繰り返されると予想される状況下で、一体何に生き甲斐を求めればよいのか。この難問に、正三は自分なりの答えを提出したのだった。彼が、実際に戦の日々を過ごして禅僧になったことを思い起こせば、この回答は限りなく重いものとなる。

そして、以上のような正三の「仕事の思想」は、彼が生きた時代のみならず、後世にも大きな影響を与えるものとなった。

この考え方は労働を宗教的救済の方法と見、これに徹する者ほど精神的に健康と規定しているわけで、これが日本人の農業観・労働観・職業観の基礎をなし、同時に日本的資本主義精神の基礎となっている。この「成仏の方法＝仕事」という発想はおそらく日本独特のものであろう。［山本 1979a：74］

仕事とは、究極的には宗教的救済を得るためのものである。これが、正三の教説によって、人々が受け取った答えだった。利潤を得ることを肯定し、消費を抑制するのも、投下資本の増大に繋がるものといえ、これは確かに「日本資本主義精神の基礎」となり得るものだろう。この意義は、如何に強調しても、強調し過ぎることはない。

また山本は、正三の「仕事の思想」が、次のような考え方を招くとも論じている。

「世俗の行為は、それを修行とすることによって、宗教的行為になりうる。」といった考え方は、日本人に実に大きい影響を及ぼした。これは、ある意味では聖職者の否定となる。農業が仏行なら、坊さんは不要である。正三自身に、聖職者否定とも受け取れる言葉は、他にもいくらでもある。これがおそらく現代にも通じ、われわれも世俗の人の中の宗教性には敬意を払うが、聖職者という職業人を、つねに少々うさん臭い対象として見るのである。［山本1979b：139］

この点については、山本の見解はやや極端に過ぎるようにも思われる。正三が「仕事＝宗教的修行」という結論に達することができたのは、俗世間から離れ、誰よりも厳しい正統的な宗教的修行に耐えたからだった。この見解を伝える者として、正三は聖職者自体の否定を行っていない。また、「武士日用」において、仏法は深い「正直」に達するためのものと論じていたように、仏法自体も否定的に捉えていないため、それを研究し、伝道していく役割を持つ聖職者は、明らかに必要と考えていた。

また、正三以降における日本の歴史を概観しても、聖職者否定の方向には進んでいないようである。仏教に関しては、宗教的施設たる寺院が常にアジール（聖域＝避難所）として機能することで、俗世間の秩序が保たれていたことは間違いない。アジール維持のためには、聖職者が必要であり、この点においても聖職者自体を否定する風潮は一度もなかった。

そのため、山本の論に修正を施すとするならば、聖職者が世俗に生きる一般人より「上位」に属するという認識を、正三の「流れ」にある思想が否定した、ということになるはずである。万人が内に仏性を備えているため、信心を持って正しく仕事に打ち込めば、聖職者も一般人も、向いている方向は同じになるからである。もはや付言するまでもないが、このような考え方が招来する状況は、大乗仏教のそれに極めてよく似ている。

日本的大乗仏教の思想を、正三は適切な言語と論理で表現することに成功した――これが、山本の見解から引き出される正しい結論と考える。そして、「正三流仏教」が生み出した「仕事の思想」は、江戸時代中期に活躍した一思想家によって、より精緻に編み上げられていくこととなった。

第二章 商人が躍進した社会に現れた思想
——石田梅岩という思想家の価値を捉え直す

これらすべての考察と先に述べたことから明らかに導かれる結論は、信仰とは理性を超えた事柄に対する盲目的な同意とはまったく違うこと、またそのような概念は宗教の目的、人間の本性、神の善性と知恵とに真っ向から対立するということである。しかし、そうであるなら、信仰はもはや信仰ではなく知識にすぎない、と言いだす者がでるであろう。それに答えよう。知識を事物に関してそのとき即座に得た考えと解するのであれば、私はこれまで信仰は知識であるなどと主張したことは一度もないし、むしろそれと反対のことを多くの箇所で述べてきたのである。だが、知識は信じる事柄を理解することを意味するのであれば、私はまさしく信仰は知識であると断言する。［トーランド 2011：109］

第一節　石田梅岩の登場

江戸時代中期の経済

元和偃武によって実現した平和は、当然のことながら経済成長も加速させた。その一つの極点となったのが、十七世紀の終盤である。ちょうど元禄年間（一六八八～一七〇四）に当たることから、この時期に花開いた町人中心の文化は「元禄文化」と呼ばれている。

大坂の浮世草子作家、井原西鶴（一六四二～九三）が『日本永代蔵』を刊行したのも、一六八八（貞享五＊西暦では同年十月に元禄に改元）年のことだった。この書に登場するのは、幸運にも蓄財に成功した者、しかしその後に没落した者など、商業に関わる人々が極めて多い。家柄に恵まれなくても、自らの才能と努力によって、経済的成功を収めることのできる時代が到来したのである。

江戸時代の初期から中期までに、日本の経済規模がどれほど拡大したかは、総人口の変遷を確認すれば理解できる。江戸時代が始まる直前、関ヶ原の戦いのあった一六〇〇（慶長五）年は一千七百万人、初めて人口調査が行われた一七二一（享保六）年は三千百二十九万人だった。一六〇〇年から一七二一年の約百二十年間で、総人口が実に一・八倍になっていることがわかる。これほど増加した人口が、食べて生きていける国に変わっていたのだった（人口データについては、［深尾他編 2017］）。

ただし、多くの人々の生活は、決して豊かにはなっていなかった。元禄文化は、主に大坂・京都・江戸、すなわち三都に暮らす人々による文化であり、地方はかつてと変わることがなく、経済的余裕のない日々を送っていた。当時の三都の人口は、多く見積もっても、合わせて二百万人程度である。総人口が三千万だとすれば、六・六パーセントほどに過ぎない。

しかし、この六・六パーセント程度の「都会人」が、当時の日本のあり方を主導したことも、また間違いがなかった。陸路も海路も整備され、毎日多くの荷物と人々が動き回っていた上、参観交代の影響で、文化の伝播も活発に行われていた。『日本永代蔵』のような人気のある書は、ほぼ同時に三都で版行されたのみならず、地方でも熱心に読まれたのである。

ただし、当時の日本において、三都は経済的に同列だったわけではない。最も力を持っていたのは、将軍のお膝元たる江戸ではなく、大坂だった。大坂は一六一九（元和五）年から天領となり、それ以降、堀川のほとりには諸藩の蔵屋敷が建てられた。蔵屋敷には、年貢米や地方の特産品が運び込まれたが、前章で述べた通り、その理由は主に参観交代にまつわる費用を捻出するためだった。

歴史学者の尾藤正英（一九二三〜二〇一三）は、一六四三（寛永二十）年の長州藩における財政収支を例に、次のように説明している。

収入は年貢米と、和紙の専売をしいている山代地方からの納入銀である。支出は、家臣に対する禄米と領内への支払いのほかに、江戸・京都・大坂への支払銀が莫大な額にのぼり、完全な赤字財政になっている。しかも、これを補うために京都などの豪商から借銀をかさね、その利子返済分が、年間の収入銀を越すという破滅的な状態である。江戸支出分というのは、参勤交代によって藩主が江戸居住を義務づけられるところから生ずるものであった。[尾藤 1975：252-253]

特に重要なのは「京都などの豪商から借銀」の箇所で、このように大名に対して金貸し業を行う豪商は、「大名貸《だいみょうがし》」と呼ばれた。大名貸は、博打的というべきリスクの高い仕事で、踏み倒されることも頻繁にあった。両替商の三井高房は『町人考見録』（一七三〇年頃）で、この仕事の問題点を、倒産した商家の例と共に記している。

ただし、大名貸側も苦い経験から学び、特に元禄時代以降は、年貢米や藩の特産品を抵当として貸し付けを行うようになった。つまり、大坂の蔵屋敷にあるそれらが、借金（上方では借銀）の担保となったのである。大坂が経済的中心地となっていた背景には、以上のような事情も存在した。

石田梅岩――日本における「仕事の思想」の確立者

山本が、日本における「仕事の思想」を語る上で最も重視していた思想家は、間違いなく石田梅岩（一六八五～一七四四）である。彼は、元禄に改元されるわずか三年前、一六八五（貞享二）年に生まれた。諱は興長《おきなが》、通称は勘平《かんぺい》。生家は、丹波国桑田郡東懸《とうげ》村、現在の京都府亀岡市にあった。つまり、文化的資本の豊かな京都、そして経済的中心地である大坂に近かった。

石田家の本家は、元は武家であり、付近の三村を領有していたという。しかし、梅岩の生まれる百年ほど前には、その領有権も喪失して帰農している。よって、梅岩は農民として生まれた。彼の生家は、石田本家の分家だが、両家には血縁関係はない。いわゆる、「株内《かぶうち》」であり、そもそもは主君と家臣だった者の家が、本家と分家になったのである。この株内という制度について、山本は次のように記している。

ここで面白いのは、この「株内」という擬制同族制である。それはまるで、同族会社が、長らく勤めた社員に持ち株の一部を分けてやるようなもので、血縁ではなくても、同族会社の株主という形でその一族に参加し、それで共同体を構成しているのに似ている。この株内に、日本における社員持ち株制の起源があるであろう。［山本 1979b：97］

株内制度が現在の社員持ち株制のルーツではないか、という山本の指摘は、極めて興味深いものである。当時の共同体を考える際も、現代の日本企業を理解する際も、この視点は有用となるだろう。

梅岩には兄と妹が一人いた。当時の農家では、家を継ぐのは長男であり、次男以降は丁稚奉公に出されるのが通例だった。梅岩も十一歳で京都の商家に丁稚奉公に出るが、それ以前の幼少期に関する話は、ほとんど残されていない。ただし、彼の没後に、弟子である手島堵庵によって編まれた評伝『石田先生事蹟』には、一つだけ強烈な印象を残すエピソードが書き記されている。梅岩が十歳の頃に、山で栗を五つか六つ拾って帰って来た話のことである。それは概ね、次のような内容だった。

栗を持って帰った彼に、父親はどこでそれを拾ったかを問う。梅岩は、父親の持っている山と、他の山との境界の辺りにあったと答えた。すると、父親は自らの持つ山に生えている栗は枝が境界にかかっていないが、隣の山から生えている栗の木の枝は境界にかかっている事実を伝え、それらは他人の栗だから今すぐ返してこいと命じた。梅岩は昼食の途中にもかかわらず、その言葉に従って山まで走った。そのときは、ただただ悲しく、父を恨んだりもしたが、後年になって、これこそ本当の慈愛だと理解したという。

この栗の話は、梅岩の思想の性質を掴む上でも、大変役立つものである。もし、持ち帰った栗が隣の山のものであったとしても、おそらく山の所有者から苦言が寄せられることはなかっただろう。しかし、それでも父親が栗の返却を命じたのは、それが理屈の上で隣山の物と結論付けられることに加え、他者の物を奪ってはならないという「規範」に反しているからである。

十一歳で京都の商家に丁稚奉公に出た梅岩は、四、五年経って初めて帰省する。その際、驚いたことに、彼は家を出たときと同じ服を着ていたのだという。丁稚は見習いのため給料などはなく、報酬として得られるのは、盆と暮れに「お仕着せ」として支給される現物ぐらいである。しかし、さすがに服が同じであることを不審に思った母親が事情を尋ねたものの、それに対する梅岩の返事は実に曖昧なものだった。

奉公先の斡旋をしてくれた父親の知人が調べてみたところ、梅岩の奉公先は経営不振で、今にも倒産するほどの状態に陥っており、新しい服を支給する余裕もなかったことが判明する。このような状況でも、梅岩は一切文句をいうことがなかった。それは、家を出るときに、「奉公先の主人は親同然であると思うように」といい付けられたからだという。当然ながら、この直後に梅岩は商家を辞して、実家に戻ることとなった。

しかし、次男であった梅岩は、家を継ぐことはできないし、彼をずっと養うような経済力も実家にはなかった。就職先を探した結果、ようやく二十三歳になって、梅岩は再び京都の商家に丁稚として入ることとなった。この商家は、呉服商を営んでいた黒柳家である。随分年を重ねた丁稚だったものの、梅岩は真面目に仕事に取り組み、地道に出世していく。途中、あまりの激務で抑鬱状態に陥ったこともあったが、奉公先の主人の老母による励ましなどもあり、立派な従業員として育っていった。

四十三歳になったとき、番頭になっていた梅岩は、職を辞することとした。暖簾分けを望むこともなく、ここにおいて彼の商人としてのキャリアは終わりを告げた。

山本は、梅岩の仕事人生を次のように論じている。

梅岩の生涯は、文字どおりの一介のサラリーマンであり、しかも、あまり成功しなかったサラリーマンであった。だがそれは、彼の資質・能力の問題というよりむしろ、若き日に主家の倒産に会って一時失業し、他の店に途中入社せざるを得なかったという事情と、当時の社

会性による。［山本 1979b：95］

全くその通りである。梅岩のここまでの人生は、「平凡な被雇用者」としか表現できないものだった。しかし、外面的にはそうとしかいえない一人の元商人が、この後、日本の歴史を変えるほどの思想家になっていくのである。

「思想家」梅岩の誕生

仕事を辞してから二年が経過した一七二九（享保十四）年、梅岩は車屋町通御池上ル町にある自宅で、無料の講席を開いた。そこで、自らの思想を伝えようとしたのである。

彼の言葉を借りると、それは「人の人たる道」ということになる。しかし、全くの素人が講義を始めても、それを聴こうなどと考える暇な人間はいないだろう。実際、しばらくは聴衆がいない中、独りで話をしていたらしい。しかし、少しずつ聴衆の数は増えてきて、いつの間にか定期的な講義が定着することとなった。

長い間、商人として生きてきた梅岩は、どのような経緯で学問をしたい、思想を伝えたいなどと考え始めたのだろうか。そして、そもそもどこで知識を蓄えたのか。これについては、『石田先生事蹟』に、次のように書かれている。

先生廿三歳の時、京都へ登り、上京《かみぎやう》の商人何某《あきびとなにがし》の方《かた》へ奉公に在付《ありつき》給へり。はじめは神道をしたひ、志したまふは何とぞ神道を説弘《ときひろ》むべし。若聞人《もしきくひと》なくば、鈴を振り町々を廻りて成とも、人の人たる道を勧めたしと願ひ給へり。かく志したまふ故、下京《しもぎやう》へ商《あきな》ひに出給ふにも、書物を懐中し、少しのいとまをも心がけまなび給へり。朝は傍輩《ほうばい》の起きざるうちに、二階の窓に向ひ書を見給ひ、夜は人寝靜まりて後、書を見たまひて、主人の用事少しも闕《か》き給ふことなし。扨其家にて頭分《かしらぶん》になり給ひても、冬の夜いね給ふには、暖なる所を人へゆづり、みづからは店の端近き所に寝給へり。又夏の夜は、小者らふみぬぐことあれば、度々起きて、きせてまはり給へり。［柴田編 1972d：621］

この言葉が正しければ、梅岩は黒柳家に奉公に入ったときから、既に学問を志していたことになる。それどころか、鈴を振って街々を歩き巡りながらでも、神道に基づく「人の人たる道」を説き広めたいという気持ちがあったのだという。だとすれば、彼は故郷の東懸村にいた頃から、学問を学んでいたことになる。環境的に考えれば、それは主に読書による独学だろう。黒柳家で仕事を始めてからも、梅岩は僅かな暇をみつけては、読書に勤しんだという。このとき読んでいた本は、後に言及される書名から、神道はもちろん、儒教、仏教、老荘思想など、多岐にわたっていたことが推察できる。

なお、『石田先生事蹟』には、次のようにもある。

先生學問を好み給ふを、傍輩のうち博く書を見たる人、その志を問ふ。先生まづ其元《そのもと》はいかんとのたまへば、彼の人、我は博く學問し、今の世の博識《ものしり》になり度のぞみなりと答ふ。先生我はさにあらず、學問し古《いにしへ》の聖賢の行ひを見聞《みき》き、あまねく人の手本になるべし、と思ふなりとのたまへば、彼《か》の人いはく、それこそ勝れたる志なれとて、感じけるとなり。［柴田編 1972d：622］

これは黒柳家で働いていた時代のことだが、同僚で学問に関心を持つ者がいて、その人物と問答した際の記憶に基づいているようである。同僚が、学問をする目的は「博識になること」であると語ったのに対し、梅岩は「古の聖賢の行跡を知って、万人の手本になること」と答えている。つまり、知識を蓄えたいからではなくて、立派な人格を形成するために学問をしたいと考えていたのである。

独学を続けた梅岩は、三十五、六歳に至った頃に、自分は「性」を知ったと思い至ったのだという。「性」とは、儒教の用語で「人間の生まれながらの心に宿る法則」を意味する。当時、学問といえば、第一に儒教を指した。学者といえば、基本的に儒者のことだったのである。このような時代背景の下、梅岩も儒教を深く学び、その用語で自説を語ることが多かった。この「性」は、ハビアンのいう「ナツウラ」や、正三の「仏性」を思い起こさせるものだろう。

「性」を知覚したと考えた梅岩は、その真偽を確かめるため、様々な学者の講義を聴いて回ったという。彼が望むような学者はなかなかいなかったが、遂に一人だけ、儒教にも仏教にも通じた不思議な学者を発見することができた。小栗了雲（一六六八～一七二九）である。京都の町で密かに暮らしていたこの学者は、梅岩が自分は「性」を知ったと主張すると、それを物の見事に論破した。そのときのことを、梅岩は「卵をもって大石にあたるがごとく、言句を出したまふことあたはず」［柴田編 1972d：622］と語っている。

その後の数年、梅岩は了雲の教えを受け、自らも納得できる形で、「性」を正しく知覚するに至った。ただし、彼は正式に了雲の弟子になったつもりはなかったようである。臨終に際して、了雲が自らの注釈が入った書の数々を譲ると伝えると、梅岩は「われ事にあたらば、新たに述ぶるなり」［柴田編 1972d：624］と答え、明確にそれを拒絶している。

このような経緯があり、仕事を辞めた梅岩は講義を行い始めたのである。講義とはいっても、いきなり自説を自由に語ったわけではない。神儒仏問わず、様々な古典を用いた講釈が中心だった。彼の講義は、聴講無料であり、紹介も必要がなかったことに加えて、当時では極めて珍しい性質を備えたものだった。それは、女性の参加も歓迎していたことである。

故《かるがゆへ》に孝經《こうきやう》小學《しやうがく》などを説《とき》、其意味《そのゐみ》を知《し》らせ心を和《やは》らげ、上《かみ》を貴《たつと》ひ、下をあはれみ、家業《かぎやう》の事に怠《おこた》りなきやうに教《をし》へたき志《こゝろざし》ゆへ、和《やは》らげ説《とき》候まゝ、老若男女《らうにやくなんによ》共に望《のぞみ》あらは、無縁《むえん》のかた〴〵にても聞《きか》るべしと又書付を出せり。或學者《あるがくしや》これを見て、儒書《じゆしよ》が女の耳《みゝ》へ入ものか、めづらしき書付かなと譏《そし》られしと告《つぐ》る人あり。其時某答《それがしこたへ》に、古《いにしへ》の紫式部《むらさきしきぶ》、清少納言《せいしやうなごん》、赤染衛門《あかそめのえもん》などを、其學者《がくしや》は男と思はれ候やといひければ、告《つげ》し人、我言所《われいふところ》に同心《どうしん》しておかしがられき。［石田 1972b：211］

これは、後に紹介する梅岩の著書『斉家論《せいかろん》』の一節である。ある人が教えてくれたところによると、梅岩の講義が女性も歓迎していることについて、「儒書を女性が理解できるものか」と陰口を叩いていた学者がいたという。それに対し梅岩は、「その学者は、紫式部や清少納言、赤染衛門（平安時代中期の歌人）などを男と思っているのだろうか」と返し、教えに来てくれた人もその通りだと笑った、ということが書かれている。

梅岩は、講義の際に男女の席の間に簾を掛けていたものの、それ以外に男女の性で何かを区別することはなかった。講義を始めて以降、彼は儒者であると自称していたが、当時の儒教からすれば、確かに女性が学問をするのは一般的ではなかった。女性の聴講を批判していた先の学者は、むしろ「夫婦の別」を掲げる儒教道徳に則っていたとさえいえる。この事実は、梅岩が儒教以外の何ものかを、自身の思想的中核に受容していた証左となるものだろう。

学問の目標は「性」を知ること

梅岩の講義は、毎朝のみならず、一日おきには夕刻にも行われ、少しずつ聴衆が定着していった。また、常連となった聴講生との間に、月に四度、演習形式の講義も開催されるようになる。演習講義は、「月次《つきなみ》の会《え》」と呼ばれた。この講義では、聴講生に予め問題を与えておき、それの発表と問答などが行われたという。

評判が高まると、梅岩は要望に応えて、出張講義にも出掛けていった。出張先は主に京都と大坂であり、時には三十日から五十日の連続講義もあった。聴衆が増えて自宅が手狭になったこともあり、一七三七（元文二）年の春には、堺町通六角下ル東側に転居している。相変わらず彼の講義は無料だったが、贈り物は受け取っていた。しかし、それは学問に真剣に打ち込んでいると思われる聴講生からに限定していた。

梅岩の生活は質素そのもので、食事は基本的に粥と味噌汁、それに加えて粗末なおかず一品だった。おかずは安い魚介類中心である。米を研ぐ際は、一回目と二回目の研ぎ汁を捨てずに取って置き、鼠に餌として与えていた。釜に残った米も、湯を注いで飲み、釜に付いて固まった米は、削り取って雀や鼠の餌としていたという。農家出身だけあって、食物に対する意識は、驚くほど高かった。なお、彼は生涯独身だったため、基本的に自炊で通している。一度、門人が梅岩のために雑用係を雇ったことがあったが、全く使えない者だったこともあり、逆に梅岩が彼の世話をしていたことまで伝わっている。

講義を始めて約十年が経過した一七三九（元文四）年、梅岩は一冊の書を刊行した。これこそが、今も読み継がれる『都鄙問答《とひもんどう》』である。元々は『田舎問答』というタイトルを予定していたが、弟子の提案で「田舎」が「都鄙」に変更されたという。問答体で書かれたこの書には、梅岩がこれまでの人生で考え続けてきたことが、約十年の講義で明確化され、力強い言葉で整理されていた。ただし、初版の発行部数は決して多くはなく、今でいう自費出版に近いものである。

学問の究極の目標は「性」を知ることであり、それは「人の人たる道」を実践するために、如何にしても必要なものであると、梅岩は確信していた。そのため、『都鄙問答』には、この

「性」に関する議論が繰り返し登場する。

其性ト云ハ人ヨリ禽獣草木《キンジュウソウモク》マデ、天ニ受得《ウケエ》テ以テ生ズル理ナリ。松ハ緑《ミドリ》ニ櫻《サクラ》ハ花、羽《ハネ》アル物ハ空《ソラ》ヲ飛《トビ》、鱗《ウロコ》アル物ハ水ヲ泳《クヾリ》、日月ノ天ニ懸《カヽル》モ皆一理ナリ。去年《コゾ》ノ四季《キ》ノ行《ヲコナハ》ル、ヲ見テ今年《コトシ》ヲ知《シ》リ、昨日《キノフ》ノ事ヲ見テ今日《ケフ》ヲ知《シ》ル。コレ即所謂故《スナハチイハユルアト》ヲ見テ、天下ノ性ヲ知《シル》ト云所ナリ。性《セイ》ヲ知ル時ハ、五常《ジヤウ》五倫《リン》ノ道ハ其中ニ備《ソナハ》レリ。中庸《チウヨウ》ニ所謂《イハユル》、天ノ命之謂レ性率レ性之謂レ道《メイコレヲセイトシタガフセイニイフミチト》、性ヲ知ラズシテ、性ニ率《シタガフ》コトハ得ラルベキニアラズ。性ヲ知ルハ學問《ガクモン》ノ綱領《カウレイ》ナリ。我怪《アヤシキ》コトヲ語ニアラズ。堯舜萬世《ゲウシユンバンセイ》ノ法トナリ玉フモ、是率レ性而已《コレシタガフセイニノミ》。故《カルガユヘ》ニ心ヲ知ルヲ學問《ガクモン》ノ初《ハジ》メト云。然ルヲ心性《シンセイ》ノ沙汰《サタ》ヲ除《ノゾキ》、外ニ至極《シゴク》ノ學問有コトヲ知ラズ。萬事《バンジ》ハ皆《ミナ》心ヨリナス。心ハ身ノ主《アルジ》ナリ。主ナキ身トナラバ、山野《サンヤ》ニ捨《スツル》死人《シニン》ニ同ジ。[石田 1972a：4-5]

これは、同書の初めに据えられた「都鄙問答ノ段」にある言葉である。梅岩の思想の核に当たるところなので、現代語に直して紹介しておこう。

梅岩は次のように語る。「性」とは、人にはじまり動物や植物に至るまで、天に与えられて心に生ずる「理」（原理）を意味する。松は緑の葉を茂らせ、桜は花を咲かせ、羽のある生き物は空を飛び、鱗のある生き物は水の中を泳ぎ、太陽や月が天に現れる。このような存在を貫くものは、全てたった一つの「理」なのである。昨年の季節の移り変わりをみて、今年も季節が移り変わることを知り、昨日のことをみて、今日のことを知る。これも、昔のことを知って、世界の

「性」を知ることに相当するものだろう。「性」を知れば、五常五倫（五つの人の道）はその中に備わっていることがわかるはずである。

『中庸』に「天の命令が性であり、性に従うのが道である」とある。「性」を知ることなく、「性」に従うことはできない。「性」を知ることが、学問の最も肝要なところである。これは決して、怪しげな教えではない。堯・舜の二人の聖王が長らく人々の手本となっているのも、彼らが「性」にのみ従っていたからだろう。心を知ることが学問の始まりなのである。心性の問題を除いて、他に重要な学問など決してない。全てのことは、どれも心から始まる。心は身体の主であり、心のない身体など山野に捨てられた死体と同様である。

以上が、引用箇所で梅岩が力説しているところだった。梅岩に従えば、世界の大原理は、この世界に存在する万物に「性」として宿っており、この「性」を知ることこそが学問の究極の目標といえる。そして、それを達成するならば、自ずと道徳的な振る舞いも可能となる。これはちょうど、濁らない「性＝理」が宿っている動物や植物の有り様にみられるものだろう。やはり、ハビアンの「ナツウラ」や、正三の「仏性」と極めて近いものであるとわかる。

なお、梅岩は「性」を濁らせるものとして、広い意味での「私欲」を挙げていた。「私欲で濁らされた性」が、実際に生きている多くの人間の心に宿るものであり、ゆえに心は病気になっている状態ともいえる。正三は「医王たる仏」に、この病の癒しを願うべきと考えていた。心の中には「仏性」が宿っているが、その本来の状態を取り戻すため、仏教に帰依して与えられた仕事を真摯に行うことを、彼は提案したのである。梅岩の思想も、後に詳説する通り、方向性としてこれと同じものだった。

『都鄙問答』刊行の五年後である一七四四（延享一）年、梅岩は二冊目の著作を発表する。『斉家論』である。これは、前著に比べると、意識的にわかり易く書かれたもので、「倹約」という徳目に関して詳述したものだった。こちらは評判も大変よく、売上的にも健闘したと伝えられている。梅岩もそれを喜んでいたが、『斉家論』刊行のわずか四ヶ月後、突如この世を去ってしまうのである。

彼の死因は、食中毒だったとも伝えられる。遺された品は、本が三箱、受けた質問に対する回答を記した草稿、見台、机、硯、衣類、それに加えて日用品のみだったという。驚くほど質素で、かつ静かな生涯だった。ところが、そのような人物が作り上げた思想は、この後、数え切れない人々に影響を与えていくことになる。

梅岩と「賤商観」

飽くまで「性」を知ることを目標とした梅岩だが、彼は社会思想に分類されるような議論も活発に行っている。特に社会における諸職業の意義については、正三同様に繰り返し語った。正三は、職分と仏行の合一説を説いたが、梅岩はこの点をどのように考えたのだろうか。

『都鄙問答』の「或学者商人ノ学問ヲ譏ノ段」には、次のような言葉が並ぶ。

士農工商ハ天下ノ治《ヲサマ》ル相《タスケ》トナル。四民カケテハ助《タス》ケ無《ナ》カルベシ。四民ヲ治メ玉フハ君ノ職ナリ。君ヲ相《タスク》ルハ四民ノ職分《シヨクブン》ナリ。士《サムライ》ハ元來位《モトヨリクライ》アル臣ナリ。農人ハ草莽《サウボウ》ノ臣ナリ。商工《シヤウコウ》ハ市《シ》井《セイ》ノ臣ナリ。臣トシテ君ヲ相《タスク》ルハ臣ノ道ナリ。［石田 1972a：82］

ここで梅岩が述べるのは、士農工商のどれが欠けても社会は成り立たないということである。それぞれ職分は違っても、価値自体は同一であり、現代的にいうならば「職業に貴賤なし」と主張している。ただし、彼は身分制自体には一切問題を感じ取っておらず、貴賤尊卑の礼は天理の反映とさえ考えていた。

梅岩があらゆる職業に同一の価値があることを強調したのは、当時、士農工商のうち、商が十分に意義を認められていなかったことによる。いわゆる「賤商観」が根強かったのである。しかし、これは一概に理由のないこととはできない。

元禄期以降、商人の中には主に貸金業で巨利を得る者が出てきた。既に触れた大名貸などがその代表格であり、博打的な仕事だったが、一部は大成功を収めた。そして、巨大な資金力を背景に、大名顔負けの奢侈な生活を営んだのである。梅岩自身も、総勢三十名ほどでお伊勢参りに向かう豪商の様子を、『斉家論』で批判的に記録している。そして、梅岩だけでなく、多くの庶民が「金で金を生む」仕事で奢侈の限りを尽くす一部の商人を、軽蔑していたのである。

社会が商人を冷遇していたもう一つの理由は、当時支配的だった儒教道徳からは、商業を擁護するのが困難だったことにある。荻生徂徠（一六六六〜一七二八）などの卓抜した学者も、物価の変動は商人の私的な欲望に基づくものと論じている。すなわち、原価に商人の欲望が加算されて、商品の価格になるというのが、徂徠の考えだった。今の経済学からすれば噴飯物の説だが、当時はそれが大真面目に語られ、流通していたのである。

この物価の変動については、梅岩は次のように説明している。

賣物ハ時ノ相場《サウバ》ニヨリ、百目ニ買タル物九十目ナラデハ賣《ウレ》ザルコトアリ。是ニテハ元銀ニ損《ソン》アリ。因《ヨツ》テ百目ノ物百二三拾目ニモ賣コトモアリ。相場《サウバ》ノ高時《アガル》ハ強氣《ツヨキ》ニナリ、下《サガ》ル時ハ弱氣《ヨハキ》ニナル。是《コレ》ハ天ノナス所商人ノ私ニアラズ。天下ノ御定《サダメ》ノ物ノ外ハ時々ニクルヒアリ。狂《クルヒ》アルハ常ナリ。［石田 1972a：81］

売物はそのときの相場により、銀百匁で買ったものが、九十匁でなければ売れないことがあり、その損益をカバーするために、百匁で仕入れた物を百二十～三十匁で売ることがある。こう述べた後、梅岩は、次のように強調する。相場の上がるとき、商人は強気になり、下がるときには弱気になる。これは「天の為すところ」で、商人の「私」ではない、と。当時も、「御定ノ物」（公定価格の付けられた商品）以外は、時に応じて値段が変化したが、価格の変動は私欲に基づくものではなく、「天の為すところ」と喝破したのである。

なお、梅岩による商人論は、『都鄙問答』の「商人ノ道ヲ問ノ段」に、次のように整理されている。

商人ノ其始《ハジメ》ヲ云《イハ》バ古《イニシヘ》ハ、其餘《アマ》リアルモノヲ以テソノ不足《タラザル》モノニ易《カヘ》テ、互《タガイ》ニ通用スルヲ以テ本《モト》トスルトカヤ。商人ハ勘定委《カンヂヨウクハ》シクシテ、今日ノ渡世《トセイ》ヲ致ス者ナレバ、一銭輕《カロ》シト云ベキニ非ズ。是ヲ重《カサネ》テ富《トミ》ヲナスハ商人ノ道ナリ。富ノ主《アルジ》ハ天下ノ人々ナリ。主《アルジ》ノ心モ我ガ心ト同キユヘニ我一銭ヲ惜《ヲシ》ム心ヲ推《ヲシ》テ、賣物ニ念《ネン》ヲ入レ、少シモ麁相《ソサウ》ニセズシテ賣渡《ウリワタ》サバ、買人ノ心モ初ハ金銀惜シト思ヘドモ、代物《シロモノ》ノ能《ヨキ》ヲ以テ、ソノ惜《ヲシ》ム心自《ヲノヅカ》ラ止《ヤ》ムベシ。惜ム心ヲ止《ヤメ》、善ニ化《クハ》スルノ外アランヤ。且《ソノウヘ》天下ノ財寶《ザイホウ》ヲ通用シテ、萬民ノ心ヲヤスムルナレバ、天地四時流行シ、萬物育《バンブツヤシナ》ハル、ト同ク相合《アイカナワ》ン。如此《カクノゴトク》シテ富《トミ》山ノ如クニ至《イタ》ルトモ、欲《ヨク》心トハイフベカラズ。［石田 1972a：32-33］

書き出しの部分に既視感のある向きも多いはずである。そう、鈴木正三の『四民日用』における「商人日用」と、内容的にほとんど同じなのである。

正三はそこで、「この身を世界に投げ打って、一筋に国土の為、万民のためと思い入れて、自国の物を他国に移し、他国の物を自国に持って来て、遠国遠里に物品を行き渡らせて、人々の心に叶うように誓願を行い、その上で国々を巡ることは業障《ごっしょう》（悪業による障害）を尽くす修行である」と述べ、また「売買をする人は、第一に利益を増やす心遣いを修行すべきである。その心遣いとは、身命を天道に投げ打って、一筋に正直の道を学ぶことである」とも説いていた。

これに対し、梅岩は「商業の起源は、余っている物と不足している物とを交換して、お互いに物を流通させることである。商人は、厳密かつ丁寧に計算をして、毎日を過ごす者なので、一銭も軽んじてはならない」と語った上で、「小さな利益を重ねて、富を作るのが商人の道といえる。富の元となるのは、天下の人々である。自分の金ならば一銭でも惜しく感じるのだから、代金を払う買い手の気持ちも推察して、売るものに心を込めること」というのである。

さらに、梅岩は「このような心掛けの下で、富が山のように蓄えられても、それは欲心に起因するものというべきでない」とも主張している。過程が清廉潔白なものであれば、蓄財自体に問題はないというのである。この箇所も、見事に正三と同じである。

第二節　人間にとっての「形」——梅岩の思想の核心

仕事と「形ニ由ノ心」

士農工商のいずれの仕事も、社会を維持存続させる上で大きな意義を持つものである——この説を受け容れるならば、自らの仕事を懸命に行うことこそが、「善」となるに違いない。そして、それは最終的に社会を利することから、あらゆる仕事というものは、私欲ではなく、公益を志向したものとなることだろう。

しかし、ここには一つ大きな問題が存在する。それは、なぜ自分は「現在置かれた状況で懸命に働かなくてはならないのか」というものである。世の中に数多くの仕事がある中で、今、自分に与えられている仕事をやらなければならない理由は何か。この疑問は、現代より梅岩の生きた時代の方がはるかに切実だった。それは、職業選択の自由など存在せず、多くの場合、どのような環境に生まれたかによって、ほぼ自動的に仕事が決まってしまったからである。

梅岩も、京都に近い場所で、農家の次男に生まれたために、商家に丁稚奉公することは決まっていた。彼自身の主体的選択は、一切許されない状況にあったのである。しかも、一度は奉公先が傾いたことで実家に戻され、明らかに年を食い過ぎてから、再度丁稚として店に入り、そこで真面目に働いて出世していった。彼に、百姓や職人になる選択肢は用意されていなかったし、武士になるのも不可能だった。

このような状況は、梅岩に限られたものではなく、当時生きていたほとんどの人に共通する。正三は、自身の状況は、全て先世の因果であると説明した。そこで、思考停止せざるを得なくなり、仕事は所与のものとなった。これに対して、梅岩は如何なる説を提示したのだろうか。

『都鄙問答』の「性理問答ノ段」には、このようにある。

元來《モトヨリ》形《カタチ》アル者ハ形ヲ直《ヂキ》ニ心トモ可知《シルベシ》。譬《タトヘバ》夜寝入タルトキ、寝搔シ、ヲボヘズ形《カタチ》ヲ相《タス》ク。是形直《ヂキ》ニ心ナル所ナリ。又孑々《ホウフリムシ》水中ニ有テハ人ヲ不レ螫《サヽズ》。蚊ト變《ヘン》ジテ忽ニ人ヲ螫。コレ形ニ由《ヨル》ノ心ナリ。鳥類畜類ノ上ニモ心ヲツケテ見ヨ。蛙ハ自然ニ蛇ヲ恐ル。親蛙ガ子蛙ニ蛇ハ汝ヲトリ食フ、畏《オソロシ》キモノゾト教《ヲシ》ヘ、蛙子モ學ビ習テ、段《ダン》々ニ傳《ツタ》ヘ來リシ者ナランヤ。蛙ノ形ニ生レバ蛇ヲ恐ル、ハ形ガ直《ヂキ》ニ心ナル所ナリ。其外近ク見ント思ハゞ、蚤《ノミ》ハ夏《ナツ》ニ至レバスベテ人ノ身ニ従《シタガツ》テ出《イヅ》ルモノナリ。是モ蚤《ノミ》ノ親ガ人ヲ食《クラ》フテ渡世《トセイ》ヲセヨト教《ヲシヘ》ンヤ。人ノ手ノユク時ハ心得テ早《ハヤ》ク飛《トブ》ベシ、トバズバ命ヲトラル、ト教ンヤ。飛ニグルハ此不習《ナラハズ》シテ皆《ミナ》形ニヨツテ爲《ナス》

所ナリ。［石田 1972a : 113-114］

「形」のあるものは、「形」がそのまま心であることを知るべきである――このように梅岩は語った後、具体的な例を挙げつつ論じている。これは、先に引いた「都鄙問答ノ段」の説明の拡張版に相当するものである。

私たちが夜寝ているとき、身体を掻き、意識せずに寝返りを打つのは、「形」がそのまま心であるためである。ボウフラは水の中では人を刺さず、蚊に変わってからはすぐに人を刺すようになるが、これも「形」に心が起因するためである。蛙は蛇を恐れるが、これは親蛙が子蛙に、「蛇はおまえを取って喰らう、恐ろしい生き物だよ」と教え、蛙の子もそれを学んで、段々伝えてきたものではない。蛙の「形」に生まれれば、蛙の心を持つため、「自然」と蛇を恐れるのである。

蚤《のみ》は夏になれば、人の身体に付いて出てくるが、これも蚤の親が「人を食べて生きていきなさい」などと教えたものではない。また、彼らは「人の手が近付いて来たときは、すぐに察して早く跳びなさい。跳ばなければ命を取られるよ」と教えられたわけでもない。跳んで逃げるのは、習ったことではなく、全て「形」によって為されることである。

続けて、梅岩は人間にとっての形についても論じる。

孟子曰、形色《ケイショクハ》天性也《ナリ》。惟《タヾ》聖人ニシテ然後ニ可シト二以テ践《フム》レ形《カタチ》ヲ。形ヲ践トハ、五倫ノ道ヲ明カニ行《ヲコナフ》ヲ云。形ヲ践《フン》デ行フコト、不能《アタハザルハ》小人ナリ。畜類鳥類《チクルイテイルイ》ハ私心ナシ。反《カヘツ》テ形ヲ踐《フム》。皆《ミナ》自然ノ理ナリ。聖人ハ是ヲ知リ玉フ。［石田 1972a：114］

『孟子（尽心上）』にも、「人の形や色は、天が与えた性である。ただ聖人だけが形を実践することができる」と書かれている。「形」を実践するとは、五倫の道を明らかにして、それを行うことを意味する。「形」を実践し、行うことができないのは、小人である。このように語った後、梅岩は「形」というものの核心に迫る。それはすなわち、「動物には私心がなく、そのためにかえって形を実践できている」という箇所である。また、このように動物が「形」に従って生きているのは、全て「自然」の「理」であり、聖人はそのことを知っている、ともいう。

「形」に従って生きることは、天の与えた「理」を受容することに相当する。そのため、形通りに生きることが「自然」なことであると、彼は強調している。私たちがこの「自然」な生き方ができないのは、「私心」というものを持っているからで、これを克服しない限り、形を実践した生き方は実現できないということになる。なお、「形」を実践する生き方は、必然的に五倫の道に則ったものになると述べていた箇所も、記憶しておきたい。

以上の「形」に関する話について、山本は次のように解釈をしている。

言うまでもなく、馬は馬の形をし、馬の心を持ち、それを基に馬の行動をすることによって自然に対応して一つの秩序を形成している。これを「本能がその秩序を形成している」と言いかえてもよい。そして人は、労働によって食を得る「形」に生れている生物であり、その心をもつがゆえに労働をすれば「心は安楽になる」ということはこれは一種の本能的な行為であるがゆえに、それが自然に対応する秩序であり、同時にそれが社会秩序のもとなのである。［山本 1979a：194］

つまり、人は「労働によって食を得る『形』」に生まれついたがゆえに、労働に励むことこそが、天理に従う「自然」なあり方なのである。この理路において、梅岩の「形《カタチ》ニ由《ヨル》ノ心《ココロ》」は「仕事の思想」に接続される。仕事を含む今の環境を、所与のものとして、思考の対象から外してしまうからである。「なぜ自分が、現在置かれた状況で懸命に働かなくてはならないのか」という疑問を、人が触れられない場所に持ち去ってしまうと換言してもよい。残された選択肢は、懸命に働くか、そうしないかの二つだけである。

既に触れたように、丸山眞男は梅岩の思想を、個人を体制に屈従させるものと批判したが、それはまさにこの点からだった。個々人レベルでの形の受容は、結果的に現体制の黙認となると考えられるためである。

「形ニ由ノ心」の源流

正三は、人々の境遇とは「先世の因果」であると主張した。それは、宗教的意味においては個々人の責任を完全に放棄させるものではなかったが、結果として現状を所与のものとする効果を持っていた。梅岩の「形ニ由ノ心」は、深部においても個人の責任を問わない点では正三の教説と異なるものの、今の境遇に疑義を呈することを差し止めるものであったことは共通している。

この「形ニ由ノ心」は、もちろん仏教から出てきたものではない。そして、儒教でもない。梅岩は記紀からも多くの引用をしているが、この着想は日本の古典から拝借したものでもなかった。源流となったのは、荘子の思想である。

『石田先生語録（巻十四）』には、一七四三（寛保三）年六月十九日に開かれた月次の会における、梅岩の発言が記録されている。それを一部引いてみよう。

夔《キ》ガ足ノ一本アルハ夔ガ心、蚿《ムカデ》ガ百足アルハ蚿ガ心、蛇ガ足ナキハ蛇ガ心、人ニ手足アリ、目ハ横ニ、鼻ハ直《タテ》ニ有テ、面目正キハ人ノ心、コノユヘニ人ニ正直ノ道アリ。其外萬物皆形ノ外ニ心ナシ。荘子彷彿ト見レ出テ曰、我云所ノ至人ハ心ナシト説モ此所ナリ。〔柴田編1972b：55〕

初めに出てくる夔とは、夔牛《きぎゅう》とも呼ばれる中国古代の幻獣である。『山海経』によれば、牛のような頭部を持ち、脚は一本しかないという。梅岩は、そのような彼らの外形と、彼らの心は一致すると語る。また、同じように、無数の脚を持つムカデも、その心は外形によって規定されていると話す。それに続いて、人は手足があり、目は横に並んでいて、鼻はまっすぐに付いている。当たり前の話だが、このような容貌が人の心を作っているのだという。

引用箇所で梅岩も明言しているように、この説の原型は荘子によって作られたものだった。『荘子（外篇）』における「秋水篇」には次のような言葉がある。

夔《き》は蚿《げん》を憐《した》（慕）い、蚿は蛇《へび》を憐《した》い、蛇は風を憐い、風は目を憐い、目は心を憐う。夔、蚿に謂いて曰わく、吾れ一足を以て趻踔《ちんたく》して行くも、予《わ》れ如《た》（能）うるなし。今、子《し》の万足を使うは、独《ひと》り奈何《いかん》と。蚿曰わく、然《しか》らず。子は夫《か》の唾《つばき》する者を見ざるか。噴《は》くときは則ち大なる者は珠《たま》の如く、小なる者は霧《きり》の如く、雑《まじ》りて下《くだ》る者は数うるに勝《た》うべからざるなり。今、予れは吾が天機を動かして、其の然る所以《ゆえん》を知らずと。［金谷訳注 1975：266］

重要なところだけを掻い摘んで現代語訳しておこう。脚が一本の夔は脚の多い蚿（ムカデ）を羨み、脚の多い蚿は脚のない蛇を羨み、蛇は容態を持たない風を羨み、風は動かずに働く目を羨み、目は内にありながら全てを見通す心を羨む。それに続いているのは、一本しか脚を持たないものの、それすら十分に使いこなせていない夔が、脚の多い蚿に脚の使い方を問い掛ける場面である。これに対して、蚿は「吾が天機を動かして、其の然る所以を知らず」と答えたのだった。訳すれば、「自然の発動に従っているだけで、なぜこのように脚が動いているのか、それはわからない」となるだろう。

つまり、全ての存在は、自身の「形」に従って生きるのが「自然」であり、それこそが天理の正しい受容に他ならない。これは、天の「理」から与えられた「性」を、正しく発現させる唯一の道といえる。梅岩はこの「性」を「赤子のような心の様態」とも表現するが、それは人間が成長に伴って私欲を持ち、心を濁らせていくからだった。

赤子はしれたる通りに無智なる者、あつうもなくさむうもなく、飢ずして能腹もいたまず、二便の汚れも下のあんばいよろしければぐやすやとして居るもの也。私心なき故に譽めても悦ばず、そしりて悲しまず、親子にてもひいきもせず、他人にも疏略《そりやく》にもせず、正直なるところは神にも恥ず。是卽無智の聖人也。成長しても其正直を基にして虛靈にして時に宜しき所の義と共に順《したが》はゞ、學德成就したりと思わるべし。無智の正直と時に宜義とに順ふ所、工夫可ㇾ有處に候。たとへば非常の草木が虛靈の心に情を發するごとし。依ㇾ之萬物一大極こゝに至るの要也。［柴田編 1972c：369］

梅岩は、赤子を「無智の聖人」とも表現する。もちろん、彼の使用する「赤子」は、本当の新生児を指すものではない。さもしい人間の知恵や欲望が、まだ付加されていない者を譬えていっているに過ぎない。しかし、元々は麗しかった心に、成長に伴い種々の埃が降り重なっていって、大人の心が形成されるという流れは、梅岩の思想を理解する上で憶えておくべきものだろう。「無智の聖人」たる赤子の心は、私欲がないため「性＝理」に従う。つまり、「形」の通りに実践することができるのである。

ところで、梅岩が人間にとっての「形」自体が何かを問われたならば、彼の提示した論理で考えると、「その時々の境遇」になると思われる。「仕事」そのものとならないのは、梅岩の人生を振り返っても明らかなように、それは時期によって移り変わることも考えられるからである。よって、「その時々の境遇」が人間における「形」であり、労働によって食を得る「形」に生まれ付いた人間は、その時点、その時点で最善の仕事をできるよう、努力するべきということになる。

仕事と学問――「心の磨種」

「形ニ由ノ心」から導き出される行いは、自身の境遇を受容し、そこで懸命に労働することだった。しかし、そうであるならば、梅岩が自説を紡ぐ際に援用している神儒仏、あるいは老荘思想といった宗教や哲学は不要なのだろうか。このことを考えるにあたっては、『都鄙問答』の「都鄙問答ノ段」における、農民が梅岩に質問した際の回答が大いに参考となるはずである。

要約すると、農民の質問は、多忙な自分たちには学問をする時間が十分にないため、正しい意味で心の状態を改善することなどできないのではないか、という内容のものだった。それに対して、梅岩は次のように答えている。

否《イナ》、左《サ》ニハアラズ。汝ノ云ヘルハ、孔子子張《シチヤウ》ヲ謂テ、師《シ》ハ辟《ヘキ》ナリトノ玉フ所ナリ。辟《ヘキ》トノ玉フハ、威儀《イギ》ニ習《ナラヒ》テ實《ジツ》少《スクナキ》ヲ云。行《ヲコナ》ヒノコトヲ汝ガ聞易《キヽヤスキ》所ニテ語ン。行ヒト云ハ農《ノウ》人ナラバ、朝《アサ》ハ未明《ミメイ》ヨリ農《ノウ》ニ出テ、夕《ユフベ》ニハ星《ホシ》ヲ見テ家ニ入。我身《ワガミ》ヲ勞《ロウ》シテ人ヲ使《ツカ》ヒ、春ハ耕《タガヤ》シ、夏ハ芸《クサギリ》、秋ノ藏《ヲサムル》ニ至《イタル》マデ、田畠《デンバタ》ヨリ五穀《コク》一粒《リウ》ナリトモ、ヲ、ク作出《ツクリイダス》コトヲ忘《ワスレ》ズ。御年貢《ゴネング》ニ不足《フソク》ナキヤウニト思ヒ、其餘《ソノヨ》ニテ父母ノ衣食《イショク》ヲ足シ、安樂《アンラク》ニ養《ヤシナヒ》、諸事油斷《ショジユダン》ナク勉《ツトムル》時ハ身ハ苦勞《クロウ》ストイヘドモ、邪《ヨコシマ》ナキユヘニ心ハ安樂ナリ。身ヲ肆《ホシヒマ、》ニシ、年貢《ネング》不足スル時ハ、心ノ苦《クルシミ》ト成《ナル》。我教《ワレヲシユル》所ハ心ヲ知テ、身ヲ苦勞《クロウ》シ勉《ツトム》レバ、日々ニ安樂ニ至コトヲ知《シラ》シム。心ヲ知テ行トキハ、自《ヲノツカラ》威儀《イギ》正クナリ、安《ヤスキ》ヲ知《シ》ルコトナレバ何ヲカ疑《ウタガハ》ンヤ。［石田 1972a：10］

初めに出てきている孔子と子張の話は、『論語（先進篇）』において、孔子が子張のことを「媚びへつらっている」と評しているというものである。媚びへつらうといったのは、子張は学問として礼儀を習っているものの、内実が伴っていないからだったという。

梅岩の考える「心を知るための正しい行い」とは、次の通りだった。農民の場合であれば、朝は未明から農作業に出て、夜は星が空に輝いてから帰宅することである。また、自分を酷使しつつ人を使い、春は耕し、夏は雑草を切り、秋の収穫に至るまで、田畑から五穀の一粒でも多く作り出すことを忘れないことも重要となる。さらに、年貢に不足がないように努力し、収穫の余りを父母の衣食に回して安楽に養い、全てのことに油断なく努力するとき、身体的には苦労するものの、邪なことがどこにもないので、心は安楽になるはずである、とも語っている。つまり、農民としての「形」を実践できるならば、学問は不要ということになる。

ここではあえて「学問」という表現を使ったが、例えば神儒仏は宗教でもあり、それを不要と断言するのは、それほど簡単なことではない。しかし、梅岩は学問とは目的達成を助ける道具に過ぎないと明言するのである。

我心ヲ得《ウ》レバ儒佛ノ名ヲ離レタルモノナリ。譬《タトヘ》バ此《コヽ》ニ一人ノ鏡磨《トグ》者アラン。上手ナラバ鏡《カヾミ》ヲ磨《トギ》ニ可レ遣《ツカハスベシ》。磨種《トギクサ》ニナニヲ用ユト可問《トフベキ》ヤ。儒佛ノ法ヲ用ユルモ如斯《カクノゴトシ》。我心ヲ琢磨種《ミガクトギクサ》ナリ。琢《ミガキ》テ後ニ磨種《トギクサ》ニ泥《ナツム》コソヲカシケレ。假令《タトヒ》儒家《ジュケ》ニテ學《マナ》ブトイフトモ、學ビ得《エ》ザレバ益《エキ》ナシ。佛家ヲ學《マナ》ブトモ、我心ヲ正《タヾシ》ク得ルテラバ善《ヨ》カルベシ。心ニ二ツノ替《カハリ》アランヤ。佛家ニ習《ナラヘ》バ、心ガ外ニ替ル者ト思フ者ハ笑《ワラ》フニモ又絶《タヘ》タリ。佛家モ最初《サイショ》ハ儒學ヨリ入《イル》僧多シ。儒書ガ妨《サマタゲ》ニナリテ、佛意ヲ得ルコト成難《ナリガタ》キコトヲ聞《キカ》ズ。儒者モ其如クニ佛法ヲ以テ心ノ磨種《トギグサ》ニシテ、心ヲ得《エ》テ、何ゾ儒家ノ妨《サマタゲ》トナルベキヤ。［石田 1972a：121］

これは、『都鄙問答』における「性理問答ノ段」で、ある儒者が「自分は、他ならぬ儒教によって心の状態を改善したい」と希望した際に、梅岩が語ったものである。ここでいわれていることは、概ね次の通りである。

自分の心を得ることができれば、そもそも儒仏の区別からも離れることになる。そのことを譬えで説明してみよう。ここに鏡を磨《と》ぐ職人がいて、彼の腕が確かならば、鏡を磨いでもらうはずである。その際に、磨種《とぎぐさ》（磨ぐ材料）に何を使うのかと問う必要などどこにもない。学問というのは、これ同様に、自分の心を磨く材料、道具なのである。磨いた後に、磨種にこだわるほど、奇妙なことはない。

いくら儒教を信じていても、それを学んで結果が出なければ無益である。仏教を修めて、それで自分の心を正しくすることができれば、それは結構なことだろう。心に二つの種類があるわけではない。仏教を学べば、心が別のものに変わることなどあろうはずがない。

実際に、仏僧であっても、初めは儒教を学ぶ者が多くいるようである。儒書が妨げになって、仏意を知ることが難しくなったなどという事実を、自分は聞いたことがない。儒者も同様に、自らの心の磨種として仏法を用い、正しく心を得るならば、それで問題はないはずである。

以上が、梅岩の主張だった。すなわち、宗教や学問は飽くまで「道具」でしかないというのが、彼の考えである。この箇所を読む限りでは、どの宗教が正しいかなど、彼には関心がなかったようにみえる。ここにおいても、「ハビアン・正三」との共通性が確認できることだろう。例えば、正三は反キリスト教の書『破吉利支丹』で、このようなことを説いていた。

> 仏は是大医王なり。衆生迷倒の病を治し給はん御誓願也。衆生信じて是を用る時は、煩悩業障の病、治せずと云事なし。去ば、凡夫迷倒の病を不レ知して、薬を用る事有べからず。病の源を尋るに、夢幻の此身を実と留るが故に、日夜、心をなやます病也。［鈴木正三 1962c：136］

仏を「大医王」といい、仏道修行を「薬」と述べているのである。宗教を、効能で語ることは、明らかに宗教についての相対主義的思考を招来する。いや、既にそのような思考が成立していたから、この話が出てきたというべきかも知れない。正三は薬、梅岩は磨種と呼ぶ宗教や学問は、自身の心の中にある「仏性」や「性」を正しく発現させるためのものだった。ハビアンならば、それを「ナツウラ」と呼ぶだろう。

真の倹約とは何か

日々、与えられた仕事に懸命に取り組むというのが「形の実践」であれば、神儒仏をはじめとした学問は、それをサポートする存在といえる。気を付けるべきは、その反対は決して成立し得ないということである。学問それ自体の習熟を、梅岩は重要視しない。彼は、知識だけ蓄えている者を「文字芸者」、あるいは「人ノ書物箱」と呼び、一切評価することがなかった。

日常的な心構えとして、仕事に打ち込むことに加えて、梅岩が重視したのは「倹約」だった。彼の二冊目にして最後となった著作の書名は『斉家論』だが、この書には角書《つのがき》があり、それは「倹約」だった。このことから、当該書は『倹約斉家論』と呼ばれることもある。梅岩は、「倹約」という徳目を、書名の角書に用いるほど重視していたのである。

山本は、梅岩にとっての「倹約」について、次のようにいう。

日本ではつい最近まで「倹約は美徳」とされて来た。では一体「倹約」とは何なのであろうか。なぜそれが美徳とされ、現代ではなぜそれが無視されているのであろうか。梅岩自身「倹約とは吝《しわき》ことを言ふにあらず」といい、また「倹約ヲ、世帯ヲ持、金銀ヲ溜ルバカリト思ヘルハ見ル所狭シ。狭ク見、心狭キ時ハ財宝ヲ溜、其財宝ヲ以テ世界ノ財宝ヲ買〆《しめ》、貪ルコトヲ勉メテ世ヲ困《くるし》マシム。我ガ倹約スルハ世ヲ貪リ度《たき》思ヒヲ止メンガ為ナリ」（『語録』七―五二）〈〔柴田編 1972a：431-432〕＊引用者注〉と記して、これを吝嗇およびその動機である貪欲とは区別し、「消費の倫理＝秩序の基本」と規定し、この倫理を失うときに、その家＝組織体の秩序の維持も社会秩序の維持も困難になると考えた。〔山本 1979a：197-198〕

ここで取り上げられている「倹約」は、「消費の逆の意味を持つ行い」を指すもので、その消費の動因となるのは貪欲、つまり私欲である。多くの物を買い求め、それに喜びを見出す精神的態度を、梅岩は戒めていた。これは、資本主義の精神と反するもののように思われそうだが、梅岩は消費を是とする価値観というものは、最終的に家を滅ぼし、共同体を破壊さえするものであると考えていた。

しかし、実は山本が指摘した「倹約」は、梅岩にとっては副次的なものに過ぎなかった。それを知るために、『斉家論』の一節を引いてみよう。

家内を恵むにも、先《まづ》木綿衣類なればあたらしく仕《し》かへるにも心やすく。古き物は仕着《しきせ》の外に見合てつかはし、仕着《しきせ》の新しき物は、貯《たくはへ》をかすやうに仕《し》なし、又半季《はんき》一季《ひとき》の者は、纔《わずか》の給銀を取、布子《ぬのこ》一重を拵《こしら》ゆれば、残りすくなになり、鼻紙代《はながみしろ》も不自由にて、甚《はなはだ》不便《びん》の事也。たとへ盆《ぼん》正月に、百貳百の錢、又履《はきもの》などつかはしても、これらにて足るべしとも思はれず。尤《もっとも》家により、奉公人により、高下《かうげ》次第も有べけれど、すべて是に准ずべし。夫故《それゆへ》たまかにつと

むる者には、折々の心付致《いたす》べき事也。［石田 1972b：214］

梅岩がいう「倹約」は、単純に「出費を抑える」ということを意味しない。ここに引いた箇所では、家内の者に十分衣服を支給するべきことだけでなく、「実直に勤めている者には、折々の心づけをしてやるべき」として、優良な従業員へボーナスを支給することまで勧めているのである。共に、金銭を使う行為だが、梅岩はこれらを「倹約」と捉えていた。

実は、梅岩のいう本質的な「倹約」とは、出費自体とは一切関係がないものだった。『石田先生事蹟』には、次のようなエピソードも載っている。

薪は細かに割りて、焼付《たきつけ》やすきやうになし置給ふ。木屑は五分一寸の木にても、庭におちたるは洗ひて竈へ入置給へり。付木《つけぎ》の廣きは二つにさきて用ひ、つかひさしたるはたくはへ置き燈《ともしび》をうつすに用ひ、兩三度の用にたてたまふ。火入の火は、二分三分の火にても、炭けし壺へ入置きて用ひ給へり。灸治、あるひは小便所の燈、かたく分れを正し給ふ。若《もし》其類の火を付木にてともしたまふときは、其殘る付木をあらひて、竈へ入置給へり。水清ければ心も清しとなり。釣瓶《つるべ》の古縄《なわ》は、干《ほし》置きて焼《たき》物とし、其灰を火入・火鉢に入れて、火をいけ給へり。是よく火を持つゆゑとなり。疊の古縁《べり》は、ほこり拂ひにして用ひ給ふ。平生みづから髪をゆひ給ふ。元結はあらひて、いくたびももちひ給へり。［柴田編 1972d：627］

ここには、梅岩が如何に物を大切にしたかが記録されているが、これは究極的には出費を抑えるためではない。その最終目的は、「性を正しく活かす」ことだった。

釣瓶の縄の例を確認してみたい。縄が新しい段階では、水の入った釣瓶を吊るし、引き上げるために十分な強度があるはずである。しかし、古くなったものをそのまま使うと、水を入れて引き上げる最中に切れてしまう恐れがある。だから、釣瓶の縄としては引退させて、水分を十分に蒸発させた後、燃料として用いるというのである。そして、灰になってしまってからは、火入や火鉢に入れて役立てていたとある。これらは、縄の「性」を正しく理解し、「その時々の境遇」で輝かせるための行いであると理解できる。

先に、梅岩が「実直に勤めている者には、折々の心づけをしてやるべき」と語っていたことを取り上げた。これは、成果を上げた従業員にボーナスを支給すれば、それによってさらに、その従業員の本性を発現させることが期待できるからである。努力と成果が評価されれば、それを喜び、その従業員はより仕事に熱が入るに違いない。

成果を上げた従業員にボーナスを支給しないことで、彼の「性」が十分に発現されないという状況を作った場合、それは世界にとっての損失であり、「勿体ない」ことといえるだろう。出費を伴う「倹約」は、この例で明らかなように、十分あり得る。

すなわち、「倹約」とは世界全体の損失を防ぐ行いであり、万物の「性を正しく活かす」活動こそを意味する徳目なのである。ここは、梅岩の思想を把握する際に、最重要となるポイントの一つといえる。

第三節　「性」の知覚と宗教的救済

「性」とは何を表すものか

梅岩の教説が主に向けられていたのは、学問的修練を積んでいない庶民だった。講義を続ける中で、上級武士も入門してくることになるが、それでも彼は可能な限り日常的な用語で思想を語ることを努めていた。

しかし、先ほども出てきた「性」については、如何にしても平易な用語と評価することが難しい。この用語自体は儒教から得たものであり、彼の「性」の扱い方についても、儒教の教説に則ったものとなっている。儒教の中でも、江戸時代に最も力を持っていた朱子学は、性理学とも呼ばれており、梅岩も主にそこから学んだことは間違いない。

この「性」を、彼は最後まで日常的な語に置き換えることをしなかった。そのため、『都鄙問答』を読んでも「性」の何たるかが理解できず、梅岩のところまで質問に来た者もあったようである。『石田先生事蹟』には、来訪者による「性と心は、どう異なっているのか」という質問について、梅岩が次のように答えたことが記録されている。

心といへば性情を兼ね、動静體用あり。性といへば體にて静なり。心は動いて用なり。心の體を以ていはば性に似たる所あり。心の體はうつるまでにて無心なり。性もまた無心なり。

心は氣に屬《ぞく》し、性は理に屬す。理は萬物のうちにこもりあらはるる事なし。心はあらはれて物をうつす。又人よりいふ時は、氣は先にして、性は後なり。天地の理よりいふ時は、理あつて後に氣を生ず。全體を以ていふ時は、理一物なり。理の萬物のうちにあつてあらはれざる事を譬へば、道元和尚の歌に

世の中はなににたとへん水鳥の　はしふる露にやどる月かげ

かくのごとく、はしふる露の其微塵の如きまでも、ことごとく月かげのうつるごとく、理は見えずといへども、裏《うち》に具《そな》はるをしらるべし。我《われ》性を覺悟して見れば、神らしき物もなく、太極《たいきょく》や、また佛らしきものもなし。よつて此性を會得すれば、儒、老荘、佛、百家、衆技といへども、皆我神國の末社にあらずといふ事なし。或書に曰、日本《にほん》一面の神國といへば廣くして狭し。微塵の中にも神國ありといはば、狭くして廣し。［柴田編 1972d：637］

梅岩はいう。心は「性」（性質）と「情」（心情）を兼ね備え、そこには動と静、及び「体」（本体）と「用」（作用）がある。「性」は第一次的な本質であり静、心の「作用の側面」は動といえる。心の「本体の側面」は、「性」に似たようなもので、物を映すだけであり、それ自体は無である。心は「気」（質料）に属し、「性」は「理」（原理）に属する。「理」は万物に備わり、外に現れるものではないが、心は物を映すことで外に現れるものといえる。

人から考えると、「気」が先にあり、「性」は後となる。しかし天地の原理から考えれば、「理」が先にあり、「気」が後となる。全体をみた場合は、「理」一つしかない。「理」は万物に備わっているものの、表面には現れないことは、道元禅師の「世の中は 何にたとえん 水鳥の はし振る露に 宿る月影」という歌にうまく譬えられている。

今の歌に描かれたように、水鳥の嘴から飛ぶ水滴にまでも、月影は映るのである。「理」はこれに似ていて、目には映らなくても、万物の内に備わっていると知らなくてはならない。自らの「性」を知り、それを眺めてみれば、神らしいものも、太極や仏といったものもなくなる。つまり、「性」を知覚すれば、儒教、老荘思想、仏教、諸々の宗派、思想も、全て我が神国の一分社であると判るはずである。ある書物はいう、日本一面が神国ならば、広いようで狭いが、微塵の中まで神国が備わっているならば、狭いようで広いものである、と。

以上が、梅岩による「性と心は、どう異なっているのか」という質問への回答である。極めて儒教的な説明で、それに慣れていない者には依然難易度が高いものだろう。

しかし、この説明を極限まで要約すれば、「性」は飽くまで抽象的なもので、心は抽象的側面を持ちつつ、具体的なものとしても扱える、ということになる。「性」は世界の大原理たる「理」が実際の存在に宿ったもので、飽くまで法則なのである。心はその「性」を備えたもので、すなわち心にも「理」という法則が宿っているということになる。

儒教のこの辺りの考え方は、究極的には論理ではなく感覚の世界となり、その点で西洋思想における古代ギリシア哲学に類似している。梅岩は心を「性」に戻すというニュアンスで何度も発言しているが、先の説明の通り、正確には「性」と心は違う次元に属するため、心が「性」になることはない。心にできることは「性」を知ることだが、知るといっても情報を得ることを意味しないため、あえていうなら「性」を「知覚」することが目標となる。

この「性と心は、どう異なっているのか」という難題は、教化の際にも大きな障害になるため、梅岩の直弟子たちの中で解決方法が探られることになる。

なお、梅岩は「性」を知覚することを、「発明」と表現した。これを用いれば、人生の目標は「発明」であり、学問の目標も同じだが、梅岩の教説に沿えば、学問は日々の「形の実践」を補助するものというのが、より正確な理解だと思われる。学問だけでは「発明」に至るのは不可能としているが、学問を知らずとも、「形の実践」によって発明に至ることは、十分に可能と説いているからである。

なお、先ほどの「性と心は、どう異なっているのか」という質問への回答には、二度も「神国」なる語が入れ込まれていた。これについては、また後ほど取り上げることとしたい。

梅岩の「仕事の思想」

山本は、このような梅岩の思想を、次の通り明快に整理する。

まず㈠人間は宇宙の継続的秩序に従っている限り存在し得るのだから、この秩序に従っているのが善である。㈡その象徴とされる者は赤ん坊であり、従って赤子は「聖」であり、人間は本質的にはこの「聖」であらねばならない。そして㈢「本心」と「非本心」という形で分裂している人間が、無自覚的に「本心に帰る」状態になればこれが「発明」である。㈣この状態に到達し得るにあたって最も大きい障害になっているのは「私欲」であり、これを去ることが第一である。〔山本 1979a：189〕

梅岩は、「性」を絶対的に善であると主張する。孟子の性善説を支持し、受容しているのである。しかし、これは彼の提示した材料と論理で考えれば、当然のことともいえる。世界の大原理たる「理」によって授けられるのが「性」であり、本質的に「理」と「性」は一致するものなのだから、もし「性」を悪と捉えれば、世界自体が悪となって全ての教説が瓦解してしまう。逆にいえば、梅岩の思想において、世界は絶対的に正しく、人の「性」は疑念の余地なく善であるということになる。

ただし、心ではなく「性」の方が善なのだから、実際に生きている人々が皆、善人であるという話にはならない。彼らの多くは、私欲によって心を曇らされ、「性」が正しく活きない状態に陥っているからである。それに対して、生まれて間もない赤子は、私欲の埃が自身の心に降り積もっていないため、間違いなく「聖」である。

山本のいう「本心」と「非本心」というのは、前者が性を知覚した心、後者が現実の心を指している。「本心に帰る」ためには、私欲を払拭する必要があるが、そこで必要なのが「形ニ由ノ心」という考え方であり、「その時々の境遇＝形」において、最善の努力を行うことが説かれるのである。この努力とは、人間の場合は、基本的に労働である。与えられた仕事に打ち込むことが、「性」の知覚のために最も必要な行為といえるだろう。

学問は、この「形」の実践を補助するものであり、手段であって目的ではない。つまり、道具なのであって、それ自体に究極の価値をみるのは錯誤である。しかし、道具としては有用であり、「形」の実践を補強するため、あるいは自身の行為の正当性を確認するために、学問は大きく役に立つ。梅岩自身、このような考え方に到達できたのは、毎日仕事に懸命に取り組んだことに加え、先人の知恵が記録された書物を読み続けたからだった。

倹約をいふは他の儀にあらず、生れながらの正直《しやうぢき》にかへし度爲《たきため》なり。天より生民《せいみん》を降《くだ》すなれば、萬民はこと〴〵く天の子《こ》なり。故《かるがゆえ》に人は一箇の小天地《せうてんち》なり。小天地ゆへ本《もと》私欲《しよく》なきもの也。このゆへに我物《わがもの》は我物、人の物は人の物。貸《かし》たる物はうけとり、借《かり》たる物は返《かへ》し。毛《け》すじほども私《わたくし》なくありべかゝりにするは正直《しやうぢき》なる所也、此正直行《おこな》はるれば、世間一同《どう》に和《わ》合《がう》し、四海《しかい》の中《うち》皆《みな》兄弟《けいてい》のごとし。我願《ねが》ふ所は、人々こゝに至らしめんため也。［石田 1972b：217-218］

梅岩は、このようにもいう。彼の書には「正直」という語も頻繁に登場するが、これも「生れながらの正直」という表現があるように、私欲、中でも名聞名利といわれる名誉欲を払拭した心の状態を指している。そして、梅岩は人々を生まれながらの心に戻して、「和合」した状態を実現したいと願う。これは、ハビアンや正三と同じく、戦国の世に戻ることを何より恐れ、平和と治安を維持することを何より優先することの表れともいえる。

実際に、梅岩は戦国時代の荒廃ぶりを何度も語り、それが庶民から平穏な生活を奪うのみならず、明日への希望を失わせるものであると強調した。彼が一人ひとりの心の状態を改善させ、安楽に導こうとしているのは、儒教的にいえば「修身斉家治国平天下」の政治哲学に賛同していたからともいえるだろう。

一方で、梅岩の講義を聴きに来た人々は、一体何を求めていたのだろうか。それはおそらく、どの時代の人間にも共通の悩み、すなわち自分とは何者なのか、生きることの意味をどこに求めればよいのか、生老病死の恐怖から逃れる方法はないのか、なぜ来る日も来る日も仕事をしなくてはならないのか、家族とは何なのか――そのような、いわゆる「人生の難問」の解決方法に違いない。天災や疫病で、人間がいとも簡単に死んでしまう時代において、「人生の難問」は、ある意味で現代人にとって以上に、切実なものだった。

つまり、正三の「職分仏行説」と同じく、梅岩の職業観が人々に与えたのは、「救済」に他ならなかった。逆にいえば、梅岩の話を聴いた人々は、「救済」を求めて仕事に励み、経済の発展に寄与することになったのである。

正三と梅岩を繋ぐもの

思想史学的に考えれば、梅岩の「仕事の思想」は、明らかに正三を継承したものに思われる。

特に、商業についていえば、両者の考え方は偶然と思えないほどに似ていた。さらに、正三の生きた時代に、彼のような意見を提示した者は他になく、彼以降、梅岩の出現までこのような「仕事＝救済の手段」とする思想は途絶えていた。以上を踏まえると、梅岩は正三の思想的遺伝子を受け継ぐ者と結論付けたくなって当然だろう。

しかし、このことについて、山本は『江戸時代の先覚者たち』の中で、次のように述べるのである。

前に『勤勉の哲学』を記したとき、いかに調べてもわからないのが、鈴木正三と石田梅岩の関係であった。もちろん両者を関係づける傍証はある。梅岩の弟子の手島堵庵が正三の『盲安杖』を復刻し、梅岩の著作が正三のものと誤認されていたことなどがそれである。しかし梅岩が正三の影響を受けたという直接的な証拠は見つからない。簡単にいえば、梅岩の著作のどこにも正三からの引用はなく、正三への言及もないのである。しかし両者の思想の類似性は否定すべくもない。［山本 1990：272］

なお、『勤勉の哲学』は一九七九（昭和五十四）年、『江戸時代の先覚者たち』は一九九〇（平成二）年の刊行である。そして現在に至るも、正三と梅岩を繋ぐ「物証」は発見されていない。山本が挙げている通り、手島堵庵が正三の『盲安杖』を復刊していることが、やや遠い「状況証拠」といえるぐらいである。

しかし、そのことは逆に、梅岩が生きた時代に、「正三的な思想」が無記名のまま浸透していた可能性を高めるものともなる。つまり、いわゆる書物に記された思想ではなく、時代のあり方や社会の体制、人々の生き様の中に、「正三的な思想」が既に内包されていたのではないか、ということである。

梅岩の職業観は、特に町人の中で大きな共感を得ることになるが、このことは、当時の集団的無意識とでもいうべきものの中に、仕事と宗教的救済を架橋する思想の「萌芽」が沈潜していたことの、一つの証拠にもなるように思われる。これを検証する一つの材料として、当時の商家の家訓をみてみたい。

次に引くのは、「市田家家則」と呼ばれるもので、近江商人の市田清兵衛が作成したものである。作成時期は晩年と考えられており、彼の没年が一七一四（正徳四）年であることから、十八世紀初頭であることは間違いない。

一、御公儀よりの法度《はっと》堅く相守り、御町内に対して無礼なき様、心得申すべき事。

一、商売は、以前より仕来《しきた》りの作法を乱さず、同心協力して時の流行に迷はず、古格を守り申すべき事。

一、店中の傍輩《ほうばい》は、和順謙遜を旨として、諸事倹約を心掛け、出入りの者は老若男女を問はず、叮寧《ていねい》に取扱ひ申すべき事。

一、店の者は、都《すべ》て幼は長に従ひ、手代は番頭に下知《げち》を請け、番頭は商売向《むき》一切、支配人の下知に従ふべき事。
一、若年の者は、支配人及び番頭たるを許さず、奉公人は中途より来る者にても、商売向《むき》に相当の技倆《ぎりょう》ある者は、引き上げて重役を申し付くべき事。
一、奉公人中、縦令《たとい》相当の技倆ある者にても、支配人番頭の下知に従はずして、気随《きずい》我慢の者は、速《すみやか》に暇を遣《つかわ》し、替りの奉公人差入れ申すべき事。
一、金銀出入勘定の時は、支配人及び番頭立会にて相改め資本繰廻し方《かた》粗漏《そろう》なき様相心得べき事。
一、商売品に不当の利分《りぶん》を掛けざる様、時の相場によりて、一統申し合せ時貸《ときがし》等は一切相成らざる事。
一、吾家伝来の商売の外《ほか》、別に新規なる商売を増加せんとする時は、店中一統協議を遂げ申すべく、商品仕入の時にても、店中一統熟議の上、正当明白なる物品を仕入れ、曖昧なる物品は、縦令如何程徳用にても仕入相成らざる事。
一、奉公人の仕着《しき》せは、二季に分ち、木綿麻布の外《ほか》用ひざる様堅く相守り申すべく、支配人及び番頭は奉公人の等級を見計らひ順序を乱さず相渡すべし。奉公人中若《も》し自儘《じまま》なる衣類を着たる者は、篤《とく》と吟味の上、支配人之れを取り上ぐべき事。
右の箇条各々堅く相守り、立身出世すべし。〔山本眞功編註 2001：272-273〕

この十箇条を読んでわかるのは、商売のノウハウではなく、現代でいうところの社是や経営理念のように、極めて道徳的な内容を多く含んでいることである。その中心となっているのは儒教における五倫五常で、「商売品に不当の利分を掛けざる様」にみられるように、短期的な儲けより、道徳的に正しい仕事で利益を得ることを是としている。戦国の世がはるか過去になっていることを教えてくれる、禁欲的で克己心溢れる家訓である。

この「市田家家則」を普通に読んでも、商業に懸命に取り組むことは宗教的修行に相当する、などという内容は発見できない。しかし、ある「補助線」を引くことで、実はそれに限りなく近い意味が込められていることが理解できるようになるのである。

それを知るために、山本が説明する正三と梅岩との相違点をみてみたい。

その違いは、西欧的乃至は組織神学的表現を使えば、宗教改革期の人格神的見方から啓蒙主義時代の理神論的見方への移行とでも言いうる変遷である。もちろんこの違いは、西欧においても「契約神的一神論」の否定ではない如く、梅岩においても、正三の世界観の基本的な否定ではない。ただ、「大医王」と規定した仏の一ペルソナがもつような人格的対象は梅岩にはないということである。〔山本 1979a：150〕

理神論というのは、啓蒙主義時代の西欧で栄えた「自然神論」とでも表現するべき思想である。創造主としての神は認めつつも、創造後の世界は神によって定められた自然法則によって動くとするもので、キリスト教のいう超自然的な「啓示」や「奇蹟」などを徹底して排した。代わりに、万人が内に持つ理性を重んじたが、これは自然法則も理性も「神の定めた理」（ロゴス）であるがゆえだった。この思想を唱えた人物には、イギリスのハーバート・オブ・チャーベリー（一五八二〜一六四八）や、『秘義なきキリスト教（原題：*Christianity Not Mysterious*）』（一六九六）の著者ジョン・トーランド（一六七〇〜一七二二）、フランスのヴォルテール（一六九四〜一七七八）などがいる。

ここまで知れば、山本のいうことを深く解することができるはずである。すなわち、正三は人格神としての仏を信仰し、一方で梅岩は、天理が授け、万人が分有する「性」を重視したということになる。ただし、このことは、梅岩が正三の思想的方向性を否定したことを意味しない。

梅岩においては、このような意味の宗教性はない。しかし、正三が宇宙に「一仏」という一つの本質的対象を見、それが宇宙の秩序であり、同時に人間の内心の秩序であり、従って自己の内心の秩序が宇宙の秩序に一致した状態にあるべきだとしたこの基本は梅岩においても同じであり、またそれが一致し得ない状態を「病い」と規定したのも同じである。〔山本 1979a：151〕

梅岩は、西欧の思想でいう理神論の賛同者ではあったが、方向性として正三と異なるところはなかった。その梅岩は、「性」の知覚を実現することができれば、五倫五常は自然と実践できることを説いていた。この考え方に従えば、五倫五常という道徳を身に着けた人間は、天理の栄光を身に受けた人間であるとさえいえるだろう。

すなわち、「市田家家則」にみられるような、経済的効率性とは無縁の道徳は、理神論という補助線を引くことによって、宗教的価値観への志向であることが明確となる。表現を変えれば、自らの家の商行為を道徳的たろうとすることには、既に実益とは無縁の、超越的価値を重んじる思想が含まれているのである。もちろん、それそのものが、宗教的な意味での救済を希求する姿勢とまではいえないだろう。しかし、「市田家家則」のような精神性を持つ商人が少なからず出現した時代に、梅岩の思想が紡ぎ出されたことは、決して不自然なことではない。

第三章　石田梅岩から石門心学へ

――日本資本主義の精神の形成に及ぼされた影響力

世ノ中ノ事物、オホカタハ、佛意佛行ノ相混《アイマヅ》ツテ、コレマデ段〻《ダンダン》申ス通リ、其仍《ヨツ》テ來ルヿ《コト》、甚《ハナハダ》久シク、實ニ一朝一夕ノヿデハコレナク、既ニ伊勢ノ大御神ノ宮事サヘニ、夫《ソレ》ニ御カブレ遊バシタル程ノヿ、眞《マコト》ニ此《レ》ハ、歎《ナゲ》キテモ歎カハシク、悲《カナシ》イヿヂヤ。去ナガラ、サヤウノ非事《ヒガコト》モ、今ハ世ノ神職等、及ビヨノ常ノ人モ、目ナレ耳ナレ口馴《ナ》レ、マタ致シ馴テ、世間一般ニ相成リ、既ニ朝廷ノ御神事ニサヘ、佛道クサキヿガ、相混ツテヲル程ノヿユエ、之《コレ》ヲ業《ワザ》トシテ居ル人タチ、カノ過《アヤマチ》テ改《アラタ》ムルニ憚《ハバカ》ルヿ勿《ナカ》レ、トカ云ヤウニ、速《スミヤカ》ニ今マデノ非ヲ改ムルヿノ、致シ難《ガタ》キヿモ有ラウナレド、其《ソレ》ヲ見ス〳〵非事《ヒガコト》ト知ツツ、申サズニモ居ラレズ、マタ眞ノ所ヲ明ラメズニモ置《オカ》レマイ。［平田 1945：101］

第一節　広がる石門心学

梅岩から石門心学へ

鈴木正三と石田梅岩の「仕事の思想」は、内容的にも、そしてその効果の点からしても、極めてよく似ている。

正三は、飽くまで仏教至上論者だったが、彼の説く仏教は、通常、その名で呼ばれる宗教の教義とは大いに異なっていた。自らの境遇を所与のものとし、その限定の中で自身にとっての最善を尽くすことで、「成仏＝救済」が保証されるとする彼の仏教思想は、結果として人々を優秀な労働者に作り上げるものとなった。

それに対して、梅岩は少なくとも表面上、特定の宗教に固執することはなかったが、正三同様、自らの境遇を疑い得ない前提と捉えて、その下での勤労を心の修養として説いた。自らの境遇とは天の「理」を反映したものと捉え、それに従う行為こそが、本性に近付ける最善の方法と主張したのである。このような梅岩の教義も、やはり勤勉な労働者を生む効果を持つ。

両者は共に、生前から様々な人々に影響を及ぼした。そして弟子も数多く育成し、自身の思想を次代に繋ぐことに成功した。このように共通点の多い二者だが、死後の広がりについては、梅岩が圧倒的に上回っている。この背景には、かつて「月次《つきなみ》の会《え》」に参加していた高弟たちの奮闘があった。

正三と梅岩との相違点について、山本は次のように整理する。

正三も確かに四十二歳までは実務の人であったが、しかし彼は武士であり、同時に天下の統一、徳川幕府の創立に直接に参与した人であった。一方、梅岩は正三と違って商業的実務の人であり、かつ普通のサラリーマンであった。したがって彼は正三のように天下国家を考えるより、むしろ、商人という一階級の社会的意義を考えた。その発想は、国家的より市民的である。［山本 1979b：150］

梅岩も国家、社会というものを論じてはいるが、視線は完全に被治者のそれだった。それに対して、思想的には近似的であっても、正三はどこまでも武士という治者の視点を保持していたのである。この違いが、思想の普及に対しても大きな差として表れた。低い目線で貫かれた梅岩の思想は、総人口の九十パーセントを超える庶民に、抵抗なく受け容れられるものだったのである。

また、梅岩の直弟子の多くが、富商だった点も大きい。彼らは、業務上、頻繁に他の地方に出張する必要があった。この出張に伴って、思想も拡大していったのである。具体的には、梅岩の噂を聞き及んだ人々が、直弟子たちの出張講義を希望し、それによって様々な地方での教化が実現することとなった。

歴史学者の柴田實（一九〇六～九七）は、梅岩没後の状況を次のように整理している。

梅岩の遺弟としては上にも名を挙げた斎藤全門・木村重光・富岡以直・杉浦止斎・手島堵庵らが知られていたが、かれらは師の満中陰後相寄って毎月四回の月次会をはじめ、朝夕の講釈や輪講等、すべて師の在世中と同様にこれを継続して行くことを申し合わせた。梅岩の遺宅は便宜杉浦止斎がこれを預ることとなったが、そこでの講義はかれらが代る代るこれを助けた。のみならずかれらはそれぞれ機縁をもとめては別に講席を設けても師説を説きひろめようと努めたが、年月の経過はやがておのずからかれらのうち、梅岩の学統を継ぐものは手島堵庵であることを明らかにした。［柴田 1967：46-47］

ここで名前を挙げられた手島堵庵（一七一八～八六）こそ、梅岩思想の教化という側面から考えた際、最も重要な人物といえる。後に述べるように、堵庵の代になって、梅岩の思想は石門心学という呼称を獲得するが、この名付け親は堵庵と伝えられている。

堵庵の石門心学への貢献は、極めて多岐にわたっている。しかし、あえて最も重要な点を挙げるならば、石門心学を教える学校、いわゆる心学講舎を設立したこととなるだろう。思想の普及にとって、教育以上に有効なものはない。特に、安定的に教育を提供できる学校の誕生は、石門心学の教化にとって、何より大きな意義を持つものとなった。

手島堵庵による心学の普及

手島堵庵は一七一八（享保三）年に、京都の商家、上河家に生まれた。堵庵はもちろん号であり、諱は信《まこと》といった。俗称は近江屋源右衛門、後に嘉左衛門となる。生粋の都会人であり、経済的にも極めて恵まれた環境で育っている。彼が梅岩の門に入ったのは十八歳のときであり、それ以降、家業に励みつつ、学問にも打ち込んだ。

梅岩の高弟のほとんどは堵庵より年長だったため、彼が講義を行うようになるのは、四十四歳で家業を長子の和庵に譲って以降のことだった。逆にいうと、それまでの年月、堵庵はしっかりと実業の世界を経験していたということになる。彼に講席を開かせる最大の要因になったのは、有力な兄弟子たちが次々と死没したことだという。特に、一七六一（宝暦十一）年に斎藤全門（一七〇〇～六一）が没したことは大きく、堵庵が講師としての活動を始めたのは、彼の死後間もなくのことだった。

この堵庵という人について、山本は次のように記す。

彼〈堵庵のこと＊引用者注〉の生いたちは梅岩と違い、代々京都の豪商であり、その父宗義は『商人夜話草《あきんどやわそう》』『塵斗《ちりとり》』などの教訓書の著者であり、明確な家訓をもち、知的教養に富む、相当にきびしい家庭に育った人、篤実・温厚な教養人であった。しかしこのことは同時に、梅岩のように逆境に耐え、内なる合理性と外なる合理性がいかなる関係にあるかといったような問題を、自己の問題として、ノイローゼになるほど追究せねばならぬような境遇ではなかったということである。また生来の「理屈者」でもなく、むしろ素直に師の教えを受け入れるというタイプであった。その講義に於ては、彼は決して自分が教えるという態度をとらず、入門したものはみな梅岩の弟子であって自分の弟子ではないとして友の礼をもって交わった。［山本 1979a：234-235］

堵庵の父である宗義は、教訓書を著すような学のある人物であり、「将来」に投資することを厭わない、平和な世が育んだ教養ある商人だった。宗義は堵庵が十三歳のときに没するが、彼が斎藤全門の友人だったという縁から、堵庵は梅岩に師事することを決めたようである。なお、堵庵は十八歳のときに母も失っている。

彼が一派を率いるようになってから、梅岩の思想はこれまでと比較にならないスピードで広がっていった。その要因となったのは、堵庵の限りなく低い自己顕示欲である。つまり、山本の指摘する通り、自身の教説ではなく、飽くまで師のそれを人々に知らしめたいというのが、彼の活動の動機だった。これは師説にあった、名聞名利の超克を、正しく実践した生き方ともいえそうである。

この堵庵が、初めて心学講舎を設けたのが、一七六五（明和二）年のこと。現在の京都市中京区富小路通三条下ル朝倉町にあった自らの居宅を、五楽舎と命名したのである。その後、門弟が増えるのに伴って、同じく現在の京都市内に脩正舎（一七七三）と時習舎（一七七九）が設立された。さらに一七八二（天明二）年には、河原町三条上るに明倫舎が作られ、舎主を堵庵本人が務めることとなる。この明倫舎と、先の脩正舎、時習舎は、教化活動の中心的役割を果たすものとなった。心学講舎で講師を務めるための認可証もこの三舎から発行されたため、「三舎印鑑《さんしゃいんかん》」と呼ばれている。

一七八五（天明五）年までに設立された心学講舎の数は、実に二十二に及ぶ。上方のみならず、江戸にも二舎が設立され、名実共に、全国規模で展開される庶民思想となった。講舎で使用される教材についても、四書、『近思録』、『小学』、『都鄙問答』、『斉家論』と定められた。「標準教科書」というべき教材が定められたことは、各講舎における教育の質を保証するものとなる。また、梅岩の時代は、一つの講義に集まる聴衆の数は多くて四〜五十人だったのに対し、堵庵の講義には、三〜四百人も集まることがあったという。

教化活動のみならず、堵庵は執筆活動も精力的に行っており、『坐談随筆』（一七七一）、『知心辨疑』（一七七三）、『我津衛』（一七七五）、『朝倉新話』（一七八〇）など、最終的に二十以上の著作を出版している。いずれも読み易い文体で綴られており、彼の温和な性格が滲んでいる。

一七八六（天明六）年、堵庵は浮腫を病んで没した。享年六十九。まさに、石門心学の教化に尽力した後半生だった。それを反映するように、彼の葬儀には一千人もの人々が参列したという［伴蒿蹊《ばんこうけい》 2005：215］。

堵庵の「性」と「本心」

梅岩は「人の人たる道」を追究し、究極の目標として「性の知覚」を説いた。心と「性」とは、厳密にいえば次元の違う概念となるが、敢えてそこを措いて語れば、「性の知覚」とは現実の心を「生まれながらの心」である「性」に戻すことを意味した。このことは学問をする上での目標でもあるが、正確には人生を通してのそれであり、学問を行わずしても達成することは不可能ではないとした。すなわち、「形ニ由ノ心」の考え方に則り、今与えられている境遇で最善を尽くすことが、その際の有効な方法とされたのである。

しかし、この「性」という概念は、極めて理解が難しい。儒教に慣れ親しんでいない人々が、感覚的に「性の知覚」を解することは、ほぼ不可能といえた。梅岩の代で、彼の思想が爆発的な広がりをみせなかった理由の一つは、ここにある。彼自身もそのことを十分に理解していたようで、『斉家論』は『都鄙問答』とは比較にならないほどわかり易い内容に仕上げている。

堵庵は、学説や概念以上に、「性」という用語を用いることが、多くの人々に石門心学を広げる際の障害になると考えた。そこで、「性」を一切使わず、代わりに「本心」の語を用いることを決めたのである。このことについて、彼は『知心辨疑』で次のように述べている。

> 程子曾ての給ひし事あり。教は時を知るを要とすと。既に子思の時聖人を去る事遠からず。然るに道の眞を失はん事を憂ひ給ひて中庸の說あり。又我が師都鄙問答に孟子盡㆑心者知㆑性の說に從ひ用ゆる事をいへり。知㆓本心㆒は則知㆑性と同じ。性は理にして諭しがたし。故に知㆓本心㆒と說《とく》のみ。中庸は性によつて說き、大學は心によつて說く。心は體用をかねて說くゆへ、人達するにちかし。［柴田編 1973：35］

梅岩は心を尽くして「性」を知ることを目標として説いたが、「性は理にして諭しがたし」、すなわち理解され辛いので、「本心を知ること」と換言したに過ぎない。堵庵は、そう明らかにするのである。この用語の変更について、彼自身、一切問題がないとは思っていなかった。それは、「心は體用をかねて説くゆへ、人達するにちかし」の箇所からも窺える。

前章でも触れた通り、心は「体」（本体）と「用」（作用）を兼ねるものであり、また日常的に使われる言葉であることから、多くの人々にとって理解し易い。それに対して、「性」は飽くまで抽象的な法則であるため、何を指すのかさえ捉え難い。つまり、心というものを教説に用いることは、概念としても、学習者にとっての敷居を低くする効果があった。

なお、梅岩の思想を曲げることがないよう、『朝倉新話』で次のようにも説明している。

本心といへば性と何も異《かはり》たことはござらぬハイ。性といへばとつと心の根本で天のまゝの所でござつて、是を天理といひます。其天理を人の身に具へていまする所でそこを性といひますハイ。したが此性はいひあらはされぬものでござつて、少しでも顯れました所は情といひますハイ。又つひ心といひますりや、善心もあり悪心もござれども、本の字をつけて本心といひますりや、根本の性の通にあらはるゝ心ゆへ、皆善心のことに成まして、性と何もかはる事はござらぬハイ。［柴田編 1973：248］

堵庵らしい、丁寧な説明である。「性」は「心の根本」で、「天のまゝの所」であり、天の

「理」を備えたところである。このように説いた後、「性」は顕現するものではなく、外に出たものは「情」と呼ばれるものであるという。そして、心には様々なものがあるが、「本」の字が付いた「本心」は、「根本の性の通にあらはる丶心」であると論じている。

ここまでみただけでも、「堵庵は梅岩のいう性を本心にいい換えた」とする説明が、正確ではないことが判明する。堵庵は、本心とは性の通りにあるものとしているが、「性」と「本心」がイコールであるとは一度も論じていないのである。先ほどの箇所に続けて、堵庵は次のように説明を補う。

これを水にたとへていふて見よなら、水は冷ふ清ひものでござつて能物をうつしまする。又ながれて高ひかたへはゆきませず、方器《かくなもの》に入ますりや方《かく》になり、圓器《まるいもの》に入ますりや圓うなる。此様々の道理をふくみ具へていますれども、其道理はどうも出して見せられませぬ。其見せられぬ所は性でござるハイ。其水の様々あらはれた働きを合せていふ時本心といひますハイ。［柴田編 1973：248］

水の譬えによって、「本心」と「性」の違いをわかりやすく述べているものである。水は高いところから低いところに流れ、四角の容器に入れば四角に、丸い容器に入れば丸になる。このような水の性質を「性」、そのような性質も含めて水自体を「本心」と考えれば、理解の助けになるだろうというのである。「性の知覚」と「本心を知ること」は、同一ではないものの、そこに至る道は同じであるがゆえに、堵庵はわかり易い「本心」の語を用いたに過ぎない。

幕藩体制と「本心」の哲学的切断

江戸時代中期以降の庶民思想には、安寧秩序への感謝とその存続への意思が込められていることは、繰り返し述べた通りである。これは石門心学に限らず、当時作られた思想書に、頻繁に戦国時代の惨状が描かれていることからも理解できる。同時期以降の商家の家訓に、法を破ることなく、また近隣に迷惑を掛けずに生きることの重要性が記されているのも、概ね同じ理由からだった。

このような庶民的諸思想において、幕藩体制は、ほとんど感覚的に天理が正しく反映されたものと捉えられていた。つまり、平和を維持しているという実利的な理由に加えて、哲学的、及び宗教的な理由においても、幕藩体制は礼賛されるようになったのである。これは、簡易化された儒教のみならず、限りなく理神論に近付いた時代の空気によっても、強化されることとなった。すなわち、天道とその原理たる「理」への尊崇が、大小共同体の「枠組み」の積極的受容を生んだのである。

しかし、十八世紀も半ばを過ぎると、社会には新たな問題が生じ始めた。それは、政治的というより、経済的なものである。その最もわかり易いものが、田沼意次（一七一九～八八）が実質的に政権を掌握した時代、いわゆる田沼時代（一七六七～八六）における「物価高騰」だった。この背景には、賄賂が飛び交う汚職政治があり、経済力の乏しい庶民が著しい被害を受けていた。この状況下においては、体制を称賛しようという意思が盛り上がることはあり得ない。

堵庵が石門心学を率いた時期（一七六一～八六）は、幸か不幸か、この田沼時代とほとんど重なっている。極めて直接的表現を用いれば、「お上が信じられない」時代だったのである。この時代において、「性」を知覚すべしという教説は、無学な人々に解されにくいということに加えて、心情的反発を招く恐れがあった。それは先も触れた通り、社会体制が天理の反映と考えられていたからである。

思想史学者の逆井孝仁（一九二六～二〇一三）は、田沼政権下で堵庵が直面した困難と、彼の教説との関係を、次のように説明する。

それにしてもこのような堵庵の絶対的規範としての「本心」提起は必然的であった。彼をとりまく「田沼期」の現実は、梅岩の元禄・享保期とは比較にならぬ社会的、経済的矛盾の深化になやまされ、幕藩支配秩序に対する民衆の違和感は頂点に達するほどであった。それは彼に、どこまでも現存社会を前提としてしかも民衆の主体的参加のもとに理想的秩序を求めた先師梅岩の「理」＝「性」という把握すらを見失わせるほど激しいものであった。［逆井 2006：142］

すなわち、学問の目標を「性の知覚」から「本心を知ること」に変更した背景には、日常的用語への変更や、学説の簡易化といった表層的な理由以上のものがあったという指摘である。

「性」の探求は、同時に「理」のそれでもあり、「理」は安寧秩序を実現した幕藩体制と相即不離なものとするならば、そのような修養は支持を得ることが困難だったことだろう。田沼時代に生じた経済的苦境により、幕藩体制自体を無欠のものと信奉できなくなっていたからである。

この観点からすれば、堵庵が「本心」の語を使用した真因は、社会と個を哲学的に切断するためということにもなるだろう。これは、山本のいう「心学《ソウロロジー》」を、さらに推し進める結果を招く。生における全ての難題は、自身の心的状態を改善することによって解決する――このような主張こそを是とすることになるからである。

実際、堵庵の教説は、「一般的な意味での社会思想」であることを概ね止めてしまっている。この点については、丸山眞男の批判の通りである。堵庵は本心に至る方法として「思案（私案）なし」の状態を保持することを説いたが、これは人の作為の一切の否定であり、「自然」のまま、すなわち「ありべかかり」の境地こそを理想とした。このような点からみれば、堵庵の教説は、梅岩のそれを仏教化、あるいは禅化したものとも感じられる。

ところで、「自然」そのままであり、私的な作為を否定することで、人々の「仕事の思想」はどう変化したのだろうか。実は、これについては梅岩の時代と一切変わりがない。「自然」に従うとは、「形」のままにあることであり、そのことは自身の置かれた境遇で最善を尽くすこと、つまり一生懸命に仕事をすることを意味したからである。

布施松翁の「唐繰論《からくり》」

石門心学は、その思想を一まとめにして語られることの多い学派である。もちろん、彼らは梅岩の思想を核に持っているという点では共通しているが、一枚岩とはとてもいえず、少なくない心学者が新規の方向性を打ち出している。先の堵庵もその一人に加えられるが、彼以上に、梅岩思想に包摂できない言説を紡いだ者もいた。

山本は、数多い心学者の中でも、布施松翁（一七二六〜八四）と鎌田柳泓（一七五四〜一八二一）の二名を、特に評価すべき思想家として挙げていた。共に、梅岩をスタート地点としながら、師説とはかなり違う方向に心学を広げ、その後の日本人の思考様式にも大きな影響を与えたと考えられるからである。

本稿のテーマから重要といえるのは、特に布施松翁である。彼は、一七二六（享保十）年に京都の商家に生まれた。家業は呉服商だったと伝えられており、業界的に梅岩と同じである。彼が石門心学に入門したのは、梅岩直門の弟子の中に名前がないことから考えて、梅岩没後のことだろう。また、堵庵の『我津衛《わがつえ》』（一七七五）に序文を書いていることから、齢四十六になるこの頃には、既に有力な存在になっていたことが窺える［石川校訂 1936：5］。また、松翁の没後に刊行された『松翁道話』の序文で上河淇水《うえかわきすい》（一七四八〜一八一七）が記しているところによれば、松翁の師に当たるのは、堵庵と富岡以直《もちなお》（一七一七〜八七）だったという。

この松翁について、山本は次のように述べる。

松翁には堵庵のように積極的に石門心学を広めようといった意志はなく、むしろその教えに基づいて得た心境で広く世界を観察するという態度であった。従って梅岩の上記の発想を発展させるといっても、徹底的論証で追求していったわけでなく、むしろ一つの〝所感〟をつづるという形になっているが、そのさりげない所感の背後にあるものは、ごく自然な形で一歩進められた宇宙観である。〔山本 1979a：244〕

ここでいわれている「梅岩の上記の発想」とは、「形ニ由ノ心」のことであり、万物は「形」に即したあり方を受け容れるべきであるとする考え方である。この教えを元に、自身の感性で以って、世界の姿を捉えていったとするのが、山本の松翁観である。

梅岩からしてそうだが、多くの石門心学者には、自己顕示欲のようなものが極めて希薄である。それは、名聞名利から離れるべきとする規範から生じた姿勢でもあるが、そもそも彼らの世界認識からすれば、自身の名や存在を誇示することに、意義を見出すのは困難だった。松翁はこのような姿勢を体現した人物の一人であり、心学講舎での講義は精力的に行ったものの、著した書物は小品というべき二冊、すなわち『松翁ひとりごと』（刊行年不詳）と『西岡孝子儀兵衛行状聞書』（一七七〇）のみだった。

松翁の著作二種のうち、彼の心学が説かれたのは『松翁ひとりごと』の方であり、山本の松翁に関する解釈も、専らこの書に拠っている。なお、『松翁道話』の名の下に刊行された五篇は、全て弟子たちによる講義録で、最も早いものでも松翁の没後三十年もの年月が経過してから世に出ている。

松翁の思想を正しく伝える『松翁ひとりごと』は、体裁としてはいわゆる紀行文である。自身の仕事の出張で、京都から大坂に向かう道中を描いたものだが、その視点には心学者という他ない独自性があった。例えば、同書の冒頭部をみてみたい。

神な月十日あまり、なにはのさとへ蘆のひとよのおり歸りに下るとて、竹田みちにさしかゝり、四方《よも》のけしきをながめつゝ、つら〳〵おもふに、混然たる一氣のしかけにて、何もかも滞りなく動く大唐繰《おほがらくり》。［布施 1936：195］

ここに登場する「大唐繰」、あるいは「唐繰」は、松翁の思想の特質を摑む上で肝要となる語である。「からくり」とは、いうまでもなく「糸やゼンマイ、水力などを利用して自動的に人形や道具など動かす装置」を指す。当時から普通に使用されていた語であり、江戸時代を通して、からくり人形は見世物興行でも人気が高かった。一七三〇（享保十五）年には、京都において『璣《からくり》訓蒙《きんもう》鑑草《かがみぐさ》』（全三巻）という「からくり」の解説書も出版されている。

先の松翁の文は、目に映じた特段異変もない景色を、「何もかも滞りなく動く大唐繰《おほがらくり》」と表現している。唐繰なので、特段何者かが力を加えているわけではなく、自動的に動いて完結しているということになる。そして、もう一点指摘すべきは、唐繰と呼ぶ以上、様々な部品が他の部品と連動することで「装置全体」が成立する、と認識していることである。松翁にとっての世界とは、まさにこの唐繰そのものだった。

「万物斉同」と「形ニ由ノ心」

松翁の唐繰世界観をより深く知るために、『松翁ひとりごと』に戻ろう。先ほどの引用部に続くのは、次のような文章である。

先づ家も建てられず田畑もならぬ地の高い所は、木をはやす役目をいひつけ、材木、薪のこしらへさせ、民のかまどのけぶり絶やさぬ御はからひぞありがたし。比《ころ》しも木の葉散りはて丶、そろ〳〵土中に一陽のもやしをしかけ、來る春の花の下ごしらへをする木々を、非情といやしめど、一日も休みなく渡世に精を出す事、中々人間恥かしく、さてまた御制札といふ有りがたい車のしまりにて、世界中の人間ばたつけども怪我をせず。［布施 1936：195］

一見、まるで詩のように響くが、ここには松翁の「唐繰論」がどのような思想を本源とするものか、見事に表明されている。それは、荘子の「万物斉同《ばんぶつせいどう》」である。梅岩の「形ニ由ノ心」も荘子から学んだものだが、松翁の思想は石門心学の中でも、最も荘子色の強いものの一つといえる。

「万物斉同」とは、絶対無という「道」の立場から眺めれば、上下左右や善悪美醜、生死などの相対的概念は消え去り、「全ては斉《ひと》しく同じである」とする考え方である。この思想に基づけば、人間社会における区別も差別も、確かな根拠を失うこととなる。むしろ、そのような線引きこそが、人の思考から自由を剥奪しているという結論に辿り着くことだろう。

家も建てられず、田畑も作れないような高所の土地には、木を生やすという役目がある。このように松翁が記すのは、まさに「形ニ由ノ心」と「万物斉同」の視点からである。

松翁はいう。条件のよくない土地が木を育み、それが材木となり、薪となり、人の家で燃料となって竈に火をもたらし、米を炊くことができる。葉が散り、土中にはもやしが仕掛けられる。来る春の為に花の準備をする木々を、心のない物として人間は賤しむが、一日も仕事を休まない彼らは、本来は人間が気後れするほどの存在だろう。人間は忙しなく落ち着くこともないが、高札に書かれた触《ふれ》によって制御されることで、大きな怪我をせずにすんでいる、と。

この後も、松翁は「汗も涎もたら〳〵とながしてのぼる車牛」や「青物、干物類無量の品々もちはこぶ老若男女」などを、慈愛に満ちた筆致で描く。土地の窪んだところに水が溜まり、それが川となり、舟で重い荷物が運べるようになることへの感謝も欠かさない。それどころか、水をたっぷり湛えた琵琶湖から、川に水が一気に流れ出ないことまで、感謝の気持ちを込めて綴る。全て、実に巧妙にできた唐繰であると主張するためである。

そして、このような壮大な装置が正しく動く理由も、次のように示している。

橋の上より見おろせば、朝の間から汗水に成りて、登る舟出す船頭も有り、夜通しに身のあ

ぶらをしぼりて、舟を着けるも有り。此船頭が苦勞のありさま、實に本心のまゝの働き姿なるべし。［布施 1936：198］

そう、「本心のまゝの働き」こそ、唐繰が問題なく作動する原因なのである。堵庵の弟子らしく、松翁は「本心」の語を用いて説明しているが、これこそ「形ニ由ノ心」に基づく発想であり、与えられた「形」に従って動くことが、「本心」を知った者の正しい道と論じている。

この説明が正しければ、懸命に働く船頭たちは、「本心」を知っているか、そこに向かっているということになる。人間以外の存在、土地や樹木や牛などは、私欲がなく、思案（私案）から離れているため、当然ながら「本心」を知っている。つまり、松翁の描く美しい世界は、「本心」という天授の法則に基づき、「形」に従って動く大唐繰だということになる。

また、この唐繰のそれぞれのパーツは、「形」に従っている以上、全て等価といえる。それは、生物でも無生物でも同じことである。また、人間だけに限定するならば、如何なる職業でも同じように存在意義があり、貴賤は一切ない。梅岩は全ての職業が、それぞれに社会的意義を持つものであり、だからこそ等価であると説いたが、松翁は諸職業のみならず、万物を「唐繰の欠くべからざる部品」と捉えることで、その主張を一歩押し進めたものとも考えられる。

ここまでくると、幕藩体制との親和性は決して高いものとはいえず、石門心学全体が幕府に屈従する思想を構築したなどという批判は、内在性皆無という他ない。

松翁の「仕事の思想」と宗教性

山本はこの松翁の唐繰的世界観を興味深く取り上げた後、宗教的な議論を展開している。それは、一神教的視点、あるいは「創造主たる人格神」を信奉する宗教の視点からすれば、当然出てくる疑問を発端としたものだった。

> エルサレムで日本学者のシロニー、ハラリ両教授に石門心学の話をしたとき、両氏がどうしても理解しかねるとしたのが、梅岩が諸宗教・諸思想を「薬および貨幣」と定義したことと、この松翁の機械論であった。特に冒頭にかかげた文章の中の「……民のかまどのけぶり絶さぬ御はからひぞありがたし……」という言葉の意味である。機械的宇宙論があるならば、当然にその背後にその合目的な機械をつくった者が想定されねばならない。となれば「創造者」「被造者」「被造物としての機械」という発想があり、その「つくった者」すなわち「創造者」を人格的な存在と考えない限り「御はからひぞありがたし」という言葉は出てこないはずであり、こうなると、これは西欧的世界観と同じものになってくるのではないか、という問題提起である。〔山本 1979a：248-249〕

すなわち、世界を唐繰と捉えるならば、その唐繰を作った者が想定されて然るべきではないか、という話である。しかも、松翁は「民のかまどのけぶり絶やさぬ御はからひぞありがたし」

と記し、「御はからひ」を「ありがたし」と明言しているのである。この感謝は一体誰に向けたものなのか、創造主に対してではないのか、という質問が出ても全く不自然ではない。もし、その感謝が創造主に対してのものなのであれば、確かに「西欧的世界観と同じもの」ともいえるだろう。

この答えについて、山本は様々な可能性を考慮して論じているが、いつものように明確な結論を出すことに躊躇いをみせている。しかし、彼が提示してみせた思想史の議論を敷衍すれば、仏教的な「創造主たる人格神」への信仰から理神論への変化があり、その延長に松翁の「唐繰論」を乗せることが適切なのではないだろうか。

梅岩以来の石門心学を理神論的に整理するならば、神に類する概念を否定したわけでは決してなく、「理」を「神自体」、あるいはその「痕跡」としていたといえる。つまり、松翁が感謝しているのは、この絶対善なる「理＝神」であり、また「理」を分有し、それに私意を挟まずに従っている万物であり、「理」に貫徹された唐繰なのである。

以上を踏まえていうなら、汎神論的な意味における神は、松翁において「実在」する。古来、日本人は「通常の意味における機械」のみならず、食器も、そこに入っている米の一粒に至るまで神と捉えてきた。そして、この神は、具体的な物のみに限定されない。石門心学は、春に樹々が花を咲かせるという「現象」に「理」を感得するものであり、宗教的に解釈するならば、それは神を感じていることに他ならない。

このことを逆に見れば、日本人は機械を一種人格化してみることにもなる。この傾向は確かにあり、たとえば製本所や印刷所では新年になると、機械におそなえを備えているが、面白いことにこれは大会社の最新式の高性能機械にも行われている場合がある。［山本 1979a：250］

山本がこの文章を書いてから、四十年以上が経過した。日本の町工場において、機械に供物が置かれているような光景を目にしたことのない人々も増えたかも知れない。しかし一方で、機械を労い、敬うという姿勢に、大きな違和感を抱く、あるいは抵抗を感じる向きは、決して多くはないはずである。

「付喪神《つくもがみ》」とは、百年を経て捨てられた器物に宿った精霊を指すが、これも事物に神性を感じ取る精神の所産である。付喪神を仮に妖怪と捉えても、柳田國男（一八七五〜一九六二）が見事喝破したように、妖怪とは没落した神に他ならない。

西洋における理神論と、石門心学が大きく異なるのは、「理」を分有した万物にも神性を認め、場合によってはそれらが人格神ともなる点で、付喪神はその代表といえるものだろう。ここには、一神教文化と多神教文化の違いが如実に表れている。日本における理神論は、汎神論と儒教が習合した中に誕生したものであり、石門心学もその一種といえる。そして、人格神とはいっても、付喪神が神たる所以は、天理を分有しているからなのである。

こう考えれば、松翁の「唐繰論」が、「理の宿った事物」のみならず、「理に則った現象」までも信仰の対象としていても、一向に不思議ではない。世界は一つの大きな唐繰であり、その唐繰という「装置」とそれを動かす「法則」に対して、松翁は「御はからひぞありがたし」と語っているのである。すなわち、ここに創造主の介在する余地はない。万が一、創造主の存在を認め、唐繰にその気配を窺うことができたとしても、それは松翁の関心の対象にすら入ってこないことだろう。

第二節　石門心学の中核

石門心学と神道

松翁の「唐繰論」は、以上の考察からしても、汎神論を基盤に持つものといえる。事物の人格神化も、如何にしても神道における「八百万の神々」を想起させずにはいられないものだろう。松翁の「唐繰論」を正確に理解し、これをも淵源の一つとする「仕事の思想」を正しく把握するためには、ここで石門心学と神道との関連について踏み入らなくてはならない。

梅岩は、神儒仏や老荘思想を「心の磨種」といい、学問とは「性」の知覚に至るための「補助」でしかないと説いた。これだけをみると、学問というのは主役の座にあるものとはいえず、それ自体の意味を考究することにはさしたる価値を見出していないように思われる。ところが、梅岩の人生を振り返ると、この件はそれほど単純ではないことが判明する。

前章でみたように『石田先生事蹟』には、青年梅岩が「神道を説弘」めたいという思いを抱いていたこと、また自らの言葉を聴いてくれる人がいなければ「鈴を振り町々を巡りて成とも」人の人たる道を勧めたいと考えていたことが記録されている［柴田編 1972d：621］。これは、梅岩を紹介する書の多くに軽く紹介されているエピソードだが、実は核心的な内容を含んだものである。このことを的確に指摘したのが、柴田實の論文「石田梅岩と神道」［柴田 1977a］だった。

先のエピソードからは、梅岩は自身の学問人生の中で、初めは神道に最も興味を持ったことが窺える。それでは、彼は多くの書を読み、実業の経験を積む中で、神道への篤い思いを捨ててしまったのだろうか。そして、その正否とはまた別に、梅岩が心奪われた神道とは、一体如何なる内容のものだったのだろうか。これらの疑問を解消しない限り、石門心学の正しい姿は決してみえてこない。

柴田は当該論文において、「鈴を振り町々を巡りて成とも」の箇所に注目する。読み流されがちだが、これは確かに検討すべき具体的な表現である。

当時の上方における風俗からすれば、鈴を振って諸方を歩き、また神道に関わっていた人々といえば、「大原神子《おばらみこ》」が連想される。元々、大原神子とは丹波国桑田郡大原の大原神社に仕えた神子（巫女）であり、諸国を遍歴して祈祷や託宣、勧進に勤しんだという。関東や東北で活動した「梓巫女《あずさみこ》」に類する、いわゆる歩き巫女である［東條校訂 1941：27］。なお、後に彼女たちの形装を模した芸人が現れて、同じく大原神子と呼ばれたが、こちらは神道と全く無縁なので、ここでは取り上げない。

梅岩が神道に興味を持ったのは、京都に出てくる前のことだった。彼は当時、丹波国桑田郡東懸村の実家で暮らしていて、大原神子を派遣していた大原神社も、同じ丹波国桑田郡にある。このことを、偶然の一致と捉える方が難しいだろう。実際に梅岩は、わざわざ「鈴を振り町々を巡りて成とも」という表現で語っていたからである。大原神子の説いていたような「俗神道」にも、彼は共感を示していたのだろう。

柴田は大原神子などに関して、次のようにいう。

尤もかれらは民衆の卑俗な信仰に取入り、或いはそこばくの芸能を演じて米銭を乞うものであるのに対し、梅岩の場合はどこまでも、人の人たる道を勧めたしという、高い倫理的な動機にいづるもので、その間大きな相違があるとはいえ、かれら街頭の勧進たちも時には神代巻の一部を口にし、またしばしば神の霊験とともに、正直清浄の徳をも説いたらしいから、梅岩のいうところの神道の中には、敢えて特定の師承によることなく、むしろそのような俗神道の影響を認むべきであるかも知れない。［柴田 1977a：27］

大原神子のような「俗神道」と共に、もう一つ、梅岩の神道観、あるいは彼の思想全般に影響を及ぼしたことが推察できる人物がいる。それは、増穂残口《ますほざんこう》（一六五五〜一七四二）である。

残口の経歴については、知られていることが少ない。豊後で生まれたとされる人物で、元は日蓮宗の僧だったようである。しかし、一七一五（正徳五）年、六十一歳のときに還俗した。その後、『艶道通鑑《えんどうつがん》』五巻六冊を出版し、年内に一千部余りを売ったという。ここから一七一九（享保四）年までに、七種もの神道書を刊行し、これらは『艶道通鑑』と合わせて「残口八部書」と呼ばれている。彼はこれらの書を台本として、京都や大坂の町々で精力的に辻講釈を行い、大変な人気を博した。また、八部書を完成させた年には、京都の吉田家に入門し、後には五条の朝日《あさひ》神明宮《しんめいぐう》の宮司に就いている。

神道書と辻講釈とによって、残口の名は上方において驚くほど知れ渡っていた。有名だっただけではなく、早くも一七二〇（享保五）年には、彼に対する批判の書『人間一生誌』が出され、同年には『残口遠轡』の巻一、翌年には『一座物語』など、次々と残口流神道に異議を申し立てる書が公刊されている。当時上方に住んでいて、学問に関心を持つ者は、ほぼ全員が残口のことを知っていたと捉えても、決して大袈裟とはいえない。

残口八部書が出揃った年、梅岩は三十五歳である。もちろん、京都の黒柳家で働いていた。間違いなく、残口の名も、彼の思想も知っていたことだろう。柴田論文でも結論は出されていないが、梅岩が残口自身の辻講釈を聴いた可能性も十分にある。何より、梅岩の儒者とは思えないほどの「男女平等観」は、如何に考えても残口の影響としか考えられないからである。

> 皆天地の間に形あるものは、此神此佛の姿なり。今世に拝《おが》み敬《うやま》ふ神佛は、父母ありて生れ出させたまふなれば、始成《しじやう》の佛、有覺《うかく》の神と申奉る。すれば男女夫婦の情《じやう》をはなれ給ふ事なし。易《えき》の序《じよ》の卦《け》の傳《でん》に云、「天地有て 而《しかふしてのち》 後男女あり。男女有て 而《しかふして》 夫婦あり」と。其後《そのゝち》神も佛も聖人《せいじん》も出給ふ事ぞ。男女の形出來るまでは造化《ぞうくわ》の妙《めう》にして、交合《きやうがう》の情《なさけ》は人の作業《さごう》になれば、人道《にんどう》立ての佛法、神道、老《らう》、孔《かう》、莊《さう》、列《れつ》なり。しからば夫婦ぞ世の根源《こんげん》としれたる

歟。その夫婦和《くわ》せずして、一日も道あるべからず。道なければ誠なし。誠なければ世界《せかい》は立《た》ず。［増穂 1980a：8］

これは『艶道通鑑』の一節である。彼の男女平等観は、天地が生んだ男女、すなわち夫婦を「世界の根源」とすることに基づいている。そのため、彼は恋愛至上主義者とされることも多いが、儒者からはとても出てきそうにないこのような考えが、俗流とはいえ神道から登場したことは極めて興味深いところである。

また、残口とほぼ同時代に活躍した国学者、多田義俊（一六九八〜一七五〇）によれば、残口の神道は、熊澤蕃山の『集義和書《しゅうぎわしょ》』と『集義外書《しゅうぎがいしょ》』に大きな影響を受けたものだったという。確かに、梅岩の教説には蕃山のそれに似たところがあり、特に柴田論文も指摘するように、「形ニ由ノ心」を思わせる考え方は、蕃山も次のような形で記していた［柴田1977a：26・34-35］。

冬に至ては、夏の帷子《かたびら》をおもふ心なし。夏に至ては、冬の衣服を思ふ心なし。此形《このかたち》あるが故に形の心あり。此身《このみ》死すればこの形の心なし。［熊澤 1971：47］

既に論じた通り、梅岩の「形ニ由ノ心」の典拠は、自身も言明したように『荘子』である。しかし、広大な荘子の思想から、敢えて「形ニ由ノ心」を拾い上げたのは、青年時に残口の教説を通して、蕃山の思想を教えられていたからかも知れない。もし、この推察が正しければ、梅岩の思想の生成過程が、一気に読み解けることとなる。

神儒仏に順序あり

山本はおそらく、梅岩と神道との関わりについて、残口や蕃山との関係までも考察したことはなかったはずである。しかし、梅岩の思想にとって、神道という要素が特別な存在であることを的確に見抜き、その意味を次のように論じている。

言うまでもないが、儒教がいかに日本的に変容されようと、儒者の規範の原点は中国であり、この外国であるという点は仏教も基本的には変らない。もちろんここに日本という意識が入るがそれはあくまでも「神国・仏国」という併列状態が限度であり、鈴木正三ももちろんこの限界を越えていない。一方梅岩は、おそらく禅から強い影響を受けたと思われるが、そこにはもう「仏国」という意識はなく、「神国」の方が明確に表に出てきて、これを手段の中心に置くという点で、一種、民族主義的な面が見られる。〔山本 1979a：219〕

既に述べたように、梅岩にとって、神儒仏や老荘思想などの学問や宗教は「心の磨種」であり、それ自体に追究する意味を見出すべきものではなかった。実際、『都鄙問答』において、心が磨けるならば、材料が何であるか議論することは空しいと断言している。しかし、この学問や宗教、つまり諸々の磨種について、どうやら彼は同列に捉えていなかったようである。

山本が先の引用部で説明していたのは、日本で生育した神道と、外来宗教である儒教、仏教との関係である。梅岩は、神儒仏の三つに限るならば、明らかに、中心とすべきは神道であると考えていた。その理由は、彼自身が「日本という国に暮らす日本人」であるからに他ならない。民族主義という言葉には、様々な歴史的記憶が付随しており、それによって反感を持つ向きもあるかも知れない。しかし、そもそも自身の出自に基づいて生きること自体に、批判が差し挟まれるなど、異常極まりない事態である。民族主義に問題が生じることがあるとすれば、それは自身の民族主義は認めつつ、他者のそれを許容しない場合に限られることだろう。梅岩は日本を神国と捉えるが、それは日本が神々の加護の下にある国であるということを表すだけであり、他国が日本に劣っているなどという主張を含んだものではない。

また、梅岩が日本を神国と捉えていたことは、彼の思想を踏まえれば当然のことである。「形ニ由ノ心」は、与えられた境遇の中で生きることを説くものであり、また「形」とは天の「理」により授けられたものだった。「日本という国に暮らす日本人」が、日本を神国と捉え、神道を最優先すべきと説いたのは、その意味でも極めて梅岩らしい姿勢というべきだろう。

『石田先生事蹟』には、梅岩の日常生活が記されているが、そこでも神道至上主義が確認できる。

平生朝は未明に起給ひて、手洗《てうず》し、戸を開き、家内掃除し、袴羽織を着し給ひ、手洗し、あらたに燈《ともしび》を獻じ、先《まづ》天照皇太神宮を拝し奉り、竈の神を拝し、故郷の氏神を拝し、大聖文宣王を拝し、彌陀釋迦佛を拝し、師を拝し、先祖父母を拝し、それより食にむかひて、一々頂戴し、食し終りて口すすぎ、しばらく休息し、講釋をはじめ給へり。[柴田編 1972d：625]

これは、梅岩による朝礼の詳細である。毎朝必ず拝するものの順は、「天照皇大神宮（太神宮）・竈の神・氏神・孔子（文宣王）・釈迦・先祖父母」であり、一番に伊勢神宮の天照大神が祀られている内宮が挙げられている。また、同じく『事蹟』には、「今上天皇を拝し奉る事、下民において恐れあり。天照皇太神宮を拝し奉るうちに、即ち攝在《かねいま》せるなり」[柴田編 1972d：628]ともあり、梅岩は自分のような下々の者にとって、天照皇大神宮を拝することは、今上天皇を拝することに相当すると語っている。

『石田先生語録』において、梅岩は神儒仏について次のようにも言及している。

神儒佛三道ノ中ニテハ何レヲ至極ニ忝シト思ヒ尊ブヤ、信心スル所ニ依テ倚ル所アラバ申ベシト存、腸《ハラワタ》ヲサグツテ見申候へ共、少シモ倚ル所コレナク候。然レ共禮拜シ尊ブ所ニハ前後アリ。子細ハ儒者ユヘ學ブ所ガ禮ナリ。且ツ神モ正禮ヲ受、非禮ハ忽チ受玉ハズ。然レバ儒者モ正禮ヲ以《テ》尊べバ神明受サセ玉フコト明白ナリ。是レヲ以テ見レバ一日トシテ禮ナクンバ有ベカラズ。依テ神儒佛共ニ尊ブニ禮ヲ以テスルニ次第アリ。先第一ニ天照皇太神宮ト拜スル中ニ八百萬神、天子、將軍モ籠リ玉フ。第二番ニハ文宣王ヲ拜スル中ニ、曾子、子思、孟子、宋儒等マデ籠リ玉フ。第三番ニハ釋迦如來ヲ拜スル中ニ開山方マデ籠リ玉フ。又佛者ナラバ第二番目ニ佛ヲ拜シ申ベシ。コレ禮ナクンバアルベカラズト云所ナリ。世ニスム者ハ此禮ヲ盡スベキ所ナリ。儒佛共ニ太神宮ハ第一番ナルベシ。細クハコレヲ推シヒロメテ萬事萬端ニワタルベシ。［柴田編 1972b：144］

先ほどと同じく、三教の優先順位は、上から「神道・儒教・仏教」となっており、これが彼の確固たる信念に基づいたものであったことが確認できる。『事蹟』と異なるのは、天照皇大神宮を拝することは、天皇（天子）のみならず、八百万の神々や将軍も拝することになると説いていることだろう。同様に、孔子を拝することは、孔子の弟子である曽子、孔子の孫である子思、孟子、朱子をはじめとする宋代の儒者も拝することを意味し、釈迦を拝することは、開山、すなわち寺院を開設した僧たちを拝することにもなるという。

神道と「形ニ由ノ心」

その他にも、梅岩が神儒仏の三教を、順に金銀銅という貨幣に譬えていたことも、『石田先生語録』には記録されている［柴田編 1972b：145-146］。いずれも貨幣である点では同等だが、そこに明らかな順位付けがあったことがわかる。

梅岩や、それに連なる石門心学が神道を重んじていたことは、特に戦前において神道研究者から繰り返し指摘されていたことである。その見解の一つの典型は、河野省三『近世に於ける神道的教化』にみられる。

近世後半期の通俗教化運動の最も著しい現象として知られてゐる石門心學即ち心學道話に於いても、神道思想の普及には相當の貢献を爲してゐる。此の事は此の心學の教を開いた石田梅巖の篤い敬神尊皇の念にも由ることであるが、又この石門心學が極めて虚心坦懷に神儒佛老の各思想を調和融合し、一面には精神的に國民生活の安定を圖り、一面には鎭守の神や福神信仰等によつて、忠實に其の道話を語つた關係にも依るのである。［河野 1940：120-121］

ここで表明されているのは、石門心学は「神儒仏老の各思想を調和融合」したものと認めながらも、それが「神道思想の普及には相当の貢献」をしたという見解である。これを正しいとするならば、神道とは、他思想と習合していてもその本質は保持されるものということになる。

既に述べたように、梅岩はおそらく増穂残口の神道に大きな影響を受けている。その残口は、彼の死後に出版された『神国増穂草』（一七五七）において、神儒仏について次のように論じていた。

神儒佛《しんじゅぶつ》の三教《けう》は、支竺桑《しぢくそう》の大道《だいどう》にして治世安民《ちせいあんみん》の要法《やうほう》なり。天竺《てんぢく》は佛法にて治《おさま》るべき國と見えて、遠《とお》く過去《くわこ》七佛の通戒《つうかい》を立《たて》て、三世益物《さんぜやくもつ》を要《やう》とす。然れば佗《た》の教《をしへ》より廣大無邊《くはうだいむへん》にして、隨宜《ずいぎ》の方便種々《ほうべんしゅぐ》なるは、彼國風《かのこくふう》に合せて設《もうけ》立たる法なり。其《その》國は佛の教《をしへ》なくんば、魔界《まかい》となるべければ、佛法の眞《しん》の教《をしへ》にて治るが、天竺《てんぢく》の治國《ちこく》の全政《ぜんせい》なり。其外の教《をしへ》を外道と拆《くじく》レ之《これを》。支那《から》は人道一世《じんだういつせ》の、五倫五等《ごりんごとう》の格《かく》を不《ず》レ亂《みださ》、聖經賢傳《せいけいけんでん》の律礼《りつれい》を守《まも》りて、身《み》を修《おさ》め、家を齊《とゝの》へ、治國平天下《ちこくへいてんか》に及ぶ。是支那《から》の國の風化《ふうくわ》に合する聖人《せいじん》の教《おし》へ、支那《から》は此《これ》を以てするが全政《ぜんせい》なり。此の外を異端《いたん》として避《さく》レ之《これを》。日の本は神の國なり。往昔《むかし》より神武帝《じんむてい》の立置《をか》せ給ふ如く、人事《にんじ》を以て法《ほう》を不《ず》レ立《たて》。神式《しんしき》を以て本として、祖先《そせん》の制《せい》に從《したが》ふ。其祖先《そせん》は皇孫《すべみまご》へ三種《みくさ》の神器《かんだから》を授《さづけ》させ給ふに勅《みことのり》ありて、此遺誡《このゆいかい》により天下《あめがした》を利せよとなり。此の外は法《ほう》も格《かく》も是皆《これみな》外道《げだう》なり、異端也。［増穂 1980b：400］

残口による三教の整理は、実に鮮やかである。神儒仏はいずれも「治世安民の要法」という点では共通するが、必要とする国が異なるというのである。仏教はインド、儒教は中国、そして神道は当然日本に対応する。宗教には出自があり、適応する風土があるとする主張である。それぞれの国で、自国に最もよく合う宗教が生育し、それ以外は「外道」として遠ざけられる。これは、全く不自然なことではない。残口は、日本は神道を「本」として他宗教を退けるべきというが、以上の論理を踏まえれば、単純な華夷思想とは全く別次元の主張であると理解できる。

梅岩は、「形ニ由ノ心」を説く者であり、それは自身の境遇を受容することから始まるものだった。「日本という国に暮らす日本人」である梅岩が、神儒仏の順序を絶対のものと捉えていたことは、その意味でも当然である。

中沢道二の教化

石門心学は、この梅岩の神道至上主義の影響下に発展した。神儒仏や老荘思想の混合物であるようにみえて、中核にあるのは変わらず神道であり続けたのである。松翁の「唐繰論」や万物斉同思想も、神道の汎神論を基盤としていたことは、明白である。そしてこの神道的汎神論は、儒教的理神論と極めて親和性が高い。万物に分有された「理」と、八百万の神々は、名は全く別でも、ほとんど同じものを指している。石門心学が神道的要素に貫徹されながらも、言葉の上では極めて儒教的に感じられる理由は、ここに求められるだろう。

梅岩の没後、特に堵庵が学派を主導するようになってから、一気に石門心学が広がったことは、既に述べた通りである。そこには教説に用いる用語の平易化や、心学講舎の設立など幾つかの要因があったが、もう一つ、指摘しておくべきものがあった。それは、堵庵が女性と子供の教育に注力したことである。

例えば、彼には『ねむりさまし』(一七六六)や『女冥加解《おんなみょうがかい》』(刊行年不詳)といった、女性、あるいは女性と子供を対象とした著書まである。当時の儒教的価値観から、特に女性は学問の対象外とされることが多く、それに疑念が差し挟まれることすらほとんどなかったが、堵庵は当然のように女性教育に取り組んだ。これはもちろん、無料の講席に女性を歓迎した、梅岩からの伝統を引き継いでのものである。

理屈で考えるならば、やはりこれは男女平等を強烈に打ち出した残口流神道の影響を受けてのものだろう。突然変異的に、男女平等観が出現し、それが次の世代以降にも確実に継承されていると捉えるのは、如何にしても無理だからである。

この学問における男女平等観は、堵庵の弟子の世代にも確実に引き継がれていく。特に、男女平等を明確に打ち出した梅岩の『斉家論』が、心学講舎における教科書として扱われたことが大きかったと考えられる。堵庵の弟子は誰もが学問における男女平等を明確に表明していたが、中でも、石門心学の「教化史」で特別な地位を占める中沢道二（一七二五〜一八〇三）は、その傾向が顕著だった。

この道二について、山本は次の通り簡潔に紹介している。

この堵庵のところに来たのが中沢道二である。彼は京都の西陣の機屋の出身で、青年時代に病気や徒弟生活の間に人生や社会について多くの疑問をもったが、それを解決することなく、四十一歳のときある僧の教えで、一種の回心に達したという。後に堵庵の門に入り、その中で重きをなすに至った。安永八年（一七七九年）堵庵を江戸に招こうという計画があり、このとき彼は代講として道二を送った。彼は日本橋通塩町に参前舎を興して講義をはじめたが、その活躍ぶりは少々超人的といえるほどで、石門心学はまたたく間に関東一円に広がった。［山本 1979a：235］

道二に石門心学への入門を勧めたのが、誰あろう布施松翁だった。呉服商だった松翁と機屋だった道二は、仕事を通じて交流があったと考えられている。道二は、江戸の参前舎をはじめ、心学講舎を数多く設立しただけではなく、江戸石川島に作られた人足寄場の講師にも就いた。この人足寄場とは、一七九〇（寛政二）年に、幕府が火付盗賊改の長谷川平蔵（一七四五～九五）の提言に基づいて設置した、軽犯罪者や浮浪人の再教育施設だった。すなわち、ここで石門心学は幕府の公認となったのである。

梅岩の時代から、門弟には上級武士も数人いたが、道二の教化が特筆すべきなのは、最上級の武家というべき大名たちにも心学の教導を行ったことにある。最終的に、道二の門弟となった大名は、十九藩の二十九侯に及んだ［石川 1975：1104］。つまり、社会から脱落した層にも、その社会を統べる層にも、心学が浸透していったのである。

そして、道二による武家の女性への教化は、門人の浅井きを（一七五九～没年不詳）を通じて行われた。幕臣の妻だった彼女は、参前舎を拠点として、女性の門弟を増やすための活動を行ったという。その努力もあり、最終的には、一橋家や紀州家の奥女中のみならず、江戸城の大奥まで心学は広がることとなった。

道二の教化活動は、梅岩に始まる石門心学の理念を見事なまでに反映したものといえる。階級も性差も居住地も、全ての障壁を破壊して「人の人たる道」を説き、ただただ人々の人生をより充実したものとしたからである。講釈の際、道二は身近な例やわかりやすい物語を用いて道徳を説くもの、すなわち「道話」を積極的に用いたが、それは聴講生が学問的に一切修養を積んでいなくても、容易にわかるようにするためだった。このことにも、あらゆる障壁を打ち崩そうとする道二の意思を窺うことができる。

それでは、彼自身はどのような思想を語ったのだろうか。実は、彼自身には著作がなく、門弟たちによる講義録のみが、それを知るための材料となる。その一つ、『道二翁道話（初篇）』（一七九五）には、次のような言葉が記録されている。

天の心といふは、一切萬物人間禽獸草木に至るまで、皆天の心なるゆへ、夜が明けるとちう〳〵かう〳〵、梅の木に梅の花が咲き、柿の木に柿の出來るも皆天の功用《おもひ》じや。けれど天は目に見えぬ、影形もなく無心なれど、平等一枚萬物に普くして、此やうに動き詰じやによつて、一切萬物《ばんもつ》の造化するは、悉く天の働。天と萬物と一躰なるゆへ、釋迦如來も孔子樣も、千石萬石の殿樣も、賤しい銘々どもゝ、蚤も鯨も、犬も猫も雁も鴨も、皆天の生じた土じや。其生じた土が形の通りしてゐるが則ち道じや。［石川校訂 1935：29］

道二の思想とは、概ね「堵庵を通して受け継いだ梅岩の思想」といってよいものだった。しかし、一点だけ、梅岩や堵庵にはなかった要素が付加されている。それは、現実の身分や職業や性差、すなわち「形」を基層から揺さぶるようなものだった。今引いた言葉にみえる、「皆天の生じた土」の箇所である。「形」を天の授けられたものとして尊重するのは当然だが、その「形」を与えられたのは五行説における「土」であり、様々な差異があっても「結局材料は同じ」という主張である。釈迦も孔子も、大名も自分たちも、「土」という材料で作られている点では、何も変わらない。
この「土」の話を、道二は繰り返し講義で話していたようである。彼が現実世界の様々な差異を物ともせずに活動できたのは、そのような思想の持ち主だったからだろう。松翁の「唐繰論」同様に、道二も教説に独自性を加えていたのである。

石門心学の「仕事の思想」

なお、道二もやはり神道については特別な気配りをしていた。浅井きをによる聞書『道二翁前訓』（一七八九）には、次のようにある。

朝御ひなり候はば、手水を御つかひなされ候て、先づ神様を御拝みなさるべし。是は此日本は、神様の御國なれば、神様の御かげにて皆々御飯をたべ、衣服を着ることもみな神様の御影なれば、一番に神様へ御辭儀をなされ候て、御禮申上なされ候が第一にて候［石川校訂 1935：313］

神道を重視する姿勢は、既に論じた通り、梅岩の「形ニ由ノ心」を思想的基盤に据えている限り、必然的に表れるものといえる。山本は、この石門心学と神道との関係を、次のように描出してみせる。

天照皇大神宮と竈の神と氏神と師と父母を結び、儒仏のかわりに梅岩の弟子の訓言でその間をつなげば、それがそのまま石門心学になり得る。そうなればそれは極めて安易な処世訓となるから、ずんずん民衆の間に浸透して行く。それが梅岩没後の石門心学の姿であった。〔山本 1979a：232-233〕

確かに、先ほど引いた道二の言葉からも解されるように、堵庵以降の石門心学は、可能な限り日常的用語とわかり易い論理を使用する方向に進んだ。これによって、教化に関する高い成果が出るのとの同時に、ある問題が生じることは十分に想像可能である。山本は、その点を次のように述べる。

もう一つの問題点は、梅岩の発想はきわめて伝統的であると同時に、それが教条化されて日常生活訓に転化しやすい点である。彼の思想的道程と苦難に満ちた宗教的回心を無視して、自分が「発明」に達したと思い込めば、あとは彼の語録を基にした日常訓通りに生活して行けばよいことになってしまう。〔山本 1979a：232〕

この問題は、思想史を眺めれば繰り返し現れる類のものといえる。実際に、堵庵が講義を行った際に、その場で「発明」に至った聴衆が次々に現れた話や、門弟の中には下女も含めて一家全員が同じく「発明」の境地に達したなどという話が伝えられている。

これは、梅岩の思想が生活訓に馴染むものだったことに加え、彼が神儒仏や老荘思想を「心の磨種」と表現したり、知識だけある者を「文字芸者」や「人ノ書物箱」などと呼んで批判したりしたことも、原因となっているように思われる。梅岩自身は、専業の学者と同じほどに書を読み、学問に時間と労力を費やしたが、彼の言葉を聞いた人々の中には、単純に学問を蔑視し始めた者もいたはずである。実業や、それに直接的に役立つ実学のみに価値を見出すことは、現代でも頻繁に出現する心性といえるだろう。

振り返れば、思想的には梅岩の先輩ともいえる正三の教説も、彼自身の意図とは異なって、仏教、あるいは修行の軽視を招く要素があった。人々の内に「仏性」が宿っており、それを発現させるために仕事に打ち込むべしという教えは、表面上の論理としては仏道修行の必然性を喪失させてしまうからである。しかし、限界まで学び続けた梅岩と同じく、正三も一切容赦のない修行を、自身に課し続けた人だった。「仁王禅」という言葉が表すように、仏者たらんとするのであれば、険しい表情を浮かべる仁王の如く修行の道に邁進することを説く者だったのである。

しかし、正三の「職分仏行説」と同様、梅岩とそれに連なる石門心学の教説は、単純化され、生活訓となってしまっても、人々の生活を変え、また国の姿を新しくしていく。石門心学が、生活訓として日本全国に広まったことと、それによる効果について、山本はこのように述べる。

封建時代のものは、単純に「封建的」と言って片づけてこれを否定するのは戦後の一特徴だが、われわれはここに、同じ封建時代乃至は封建的時代を経過しながら、それを近代化の基礎となし得た国民と、それをなし得なかった国民とが存在する事実を忘れるべきではあるまい。問題はむしろ梅岩を祖とする石門心学が封建的時代の中で、一面ではその時代にマッチするように見えながら、それがどの点において日本の近代化の基礎となり得、それが現代にどのように影響しているかという点にあるであろう。〔山本 1979a：233〕

この観点からすれば、生活訓としての石門心学が人々に提供したものは、次の三つである。

一つ目は、職業に貴賤なしとする価値観。「形ニ由ノ心」によって、あらゆる仕事が公共的利益に繋がる限りで肯定されたことは、限りなく意義が大きい。梅岩が賤商観に噛みついたのは、それが、商業という仕事を与えた天理を軽んじる偏見だと捉えたからに他ならない。

二つ目は、利潤の肯定である。これは、商人にのみ限定された話ではない。自身の「形」に忠実に生きた者の下に、財産が山と築かれたとしても、そこに問題は一切ないからである。

そして三つ目は、経済的な意味での「倹約」、すなわち節約の推奨によって、投資が可能となったことだった。労働に励みつつも、私欲による消費を忌避し続ければ、経済的な余裕が生まれることになる。この余剰金が、将来的利益を期待して投下されるのである。

本書では、石門心学と資本主義の連関について、深い議論を行う余裕はない。しかし、この学派が提供した「仕事の思想」が、一国の経済的発展に繋がる要素を備えていたことは、明白なところである。江戸時代の後期になると、様々な近代化の萌芽が確認できるようになるが、それが発生した背景には、全国のあらゆる階層に石門心学が普及したという事実があった。

第四章　渋沢栄一と「仕事の思想」

──日本近代の創造者が「繋いだ」ものとは何か

ここにある人がいるとしよう。その人は数多くの善行をする。たとえば、困窮している人を救済したり、病気で苦しんでいる人々を助けたりするなど、彼の恵み深さは、まったくの赤の他人にまでも拡がる。彼の性格以上に愛すべき有徳な性格など、他にはありえない。われわれはこれらの行為を、この上ない人間性の証拠とみる。この人間性こそが、彼のそれらの行為のすべてを、称賛に値する美しいものとするのである。それゆえ、彼の諸々の行為が美しいと顧慮・評価をすることは、二次的な考慮にすぎない。彼の行為の美しさは、人間性という先行する原理に由来しているのであり、この人間性こそが、価値を持ち、称賛に値するものなのである。

［ヒューム 2019：43-44］

第一節　江戸の精神と渋沢

「近代化」と渋沢栄一

明治日本の経験した経済的発展と文化的変容は、世界史上類をみない劇的なものだった。このような変化を、仮に「近代化」と呼ぶのならば、明治日本は、他のアジア諸国を差し置いてそれを達成したということになる。

しかし、その際に一つだけ忘れてはならないことがある。それは、明治時代は江戸時代と時間的に連続しているという、ごく当たり前の事実である。

山本は『近代の創造』（一九八七）において、次のように述べている。

第一に、明治を現出したのは「幕末人」であって明治人ではない。幕末人に西欧的な「市民」などという意識があるはずはない。さらに当時の「人生五十年」という基準からすれば、明治の指導者はみな、人生半ばを過ぎてから出現した。福沢諭吉の言葉を借りれば「一身にして二生を生きた」ような形である。だが人間の考え方、生き方、価値観、常識等々は、大体、二十五歳ぐらいまでに形成されているはずである。たとえその人の一生が、「一身にして二生を生きた」ような一生であったとはいえ、それはあくまでも「一生を生きた」のであって、その一生の根底には、生涯を貫いている「何か」があったはずである。［山本

1987 : 14］

すなわち、明治日本が「近代化」に成功したと捉えた場合、その本質的要因は、疑いなく江戸時代に形作られたものだということである。特に、明治初期の政治指導者は、全員が江戸時代に生まれて教育を受け、自身の内に思想を育んでいる。それを考えれば、明治日本の劇的な変化の要因を探るには、その条件に合致する人々を思想的に考察するのが適切といえるだろう。

『近代の創造』において、山本は渋沢栄一（一八四〇〜一九三一）を大きく取り上げている。渋沢は、ペリー艦隊が初めて来航した年に十四歳、戊辰戦争の年に二十九歳だった。まさに、幕末の空気を吸って生育した世代である。そして、付言するまでもなく、明治日本における最高の実業家の一人となっている。彼以上に、山本のいう「何か」を探る材料になる人物はいないといってよい。そして、その「何か」の中核には、「仕事の思想」があることも間違いない。

ここで、渋沢の生涯をごく簡単に確認しておこう。渋沢は、一八四〇（天保十一）年、武蔵国榛沢郡血洗島村（現・埼玉県深谷市血洗島）の農家で生を受けている。父の市郎右衛門《いちろうえもん》（一八〇九〜七一）は名主見習役を務めており、豪農と呼ぶべき経済的余裕のある一家だった。血洗島村は、幕末の時点で戸数が五十ほどで、石高が三百四十六石二斗九升五合。明らかな小村である。

なお、渋沢の生家は、農業の他、藍玉や養蚕の製造と販売も手掛けていた。このような家業、つまり農業と商業を学び、手伝いながら、渋沢は成長したのである。

彼の自伝である口述書『雨夜譚』には、父親である市郎右衛門の紹介が出てくるが、これがかなり興味深い内容を含んでいる。

父の性質はといえば、かの『孟子』に書いてある処の、北宮黝《ほくきゅうゆう》のように、褐寛博《かつかんぱく》にも受けず、また万乗の君にも受けぬという、方正厳直で、一歩も人に仮《か》すことの嫌な持前で、いかなる些細の事でも、四角四面に物事をする風でありました。また平生多く書物を読んだ人ではなかったが、四書や五経ぐらいの事は、充分に読めて、傍《かたわ》ら詩を作り俳諧をするという風流気もあり、また、方正厳直の気質に似ず、人に対してはもっとも慈善の徳に富んで居て、人の世話をすることなどはいかにも深切であった。そうしてその平素から自ら奉ずる所はいたって倹約質素で、ただ一意家業に勉励するというすこぶる堅固な人でありました。［渋沢述 1984：15-16］

江戸時代の百姓と聞いて、例えそれが豪農であっても、四書五経を読んで詩作をしたり、俳諧を嗜んだりするイメージを持つ向きは、決して多くはないはずである。しかし実際に、渋沢は自身の父親について、このような思い出を語っている。学問をしたり歌を詠んだりするのは、教養に加えて時間的な余裕も必要となるが、それも手に入れていたということだろう。なお、渋沢家レベルの豪農の経済力が如何ほどだったかについては、また後ほど触れることとしたい。

加えて、そのような余裕のある生活をしつつも、市郎右衛門は「いたって倹約質素」だったという。また、「一意家業に勉励するというすこぶる堅固な人」でもあり、これはまさに、石門心学が理想とした勤勉かつ禁欲的な人物そのものだろう。利潤を得ていくら富裕になっても、私欲に基づく消費を忌避するという、禁欲的農民、兼商人だからである。

このような父の下で育った渋沢は、どのような教育を受けていたのだろうか。

> 自分が書物を読み初めたのは、たしか六歳の時と覚えて居ます。最初は父に句読を授けられて、『大学』から『中庸』を読み、ちょうど『論語』の二まで習ったが、それから七、八歳の時、今は盛岡に居る尾高惇忠《おだかあつただ》に習う事になった。尾高の家は、自分の宅から七、八町隔《へだ》った手計《てばか》村という処であったが、この尾高という人は、幼少の時から善く書物を読んで、その上天稟《てんぴん》物覚えのよい性質で、田舎では立派な先生といわれるほどの人物であった。［渋沢述 1984：16］

渋沢自身も、ほとんど上級武家の子と同等といってよいほどの文化的環境にあったことがわかる。市郎右衛門に読み書きを習い、その後は『大学』や『中庸』を読んだというのだから、やはり儒教に関しての一通りの知識も、市郎右衛門に教わったということだろう。これほど豊かな教養を持ち、自らの子に授業を行えるほど時間的余裕のある成人男性は、現代でも少数派に違いない。

なお、父親の次に渋沢の儒教の師となった尾高惇忠（一八三〇〜一九〇一）は、「藍香《らんこう》」を自身の号とする人物で、後に渋沢の妻となる千代（一八四一〜八二）の兄でもあった。彼の教え方は、とにかく書を次々に通読させるというもので、結果として『小学』、『蒙求』、四書五経、『文選』、『左伝』、『史記』、『漢書』、『十八史略』、『元明史略』、『国史略』、『日本史』、『日本外史』、『日本政記』などに加え、『通俗三国志』や『南総里見八犬伝』などの読本《よみほん》、『俊寛島物語』などの外題《げだい》も読んだという。尾高と渋沢との付き合いは公私共に生涯続き、尾高は富岡製糸場の初代場長、第一国立銀行盛岡支店、仙台支店支配人などを務めることとなる。

幕末のインフレと「農村ブルジョアジー」

話を渋沢家の経済力に戻そう。この点が極めて重要であることは、山本も力説している通りであり、幕末の日本という国の実情を知るために欠かすことができない事柄だからである。

私たちは、江戸時代の百姓が、ごく一部の、具体的には全人口の七パーセントほどしかいなかった武士に「搾取」されているようなイメージを抱きがちだが、史実を確認するならば、それはとても正確なものとはできない。もちろん、年貢に苦しめられ、毎日の生活に窮する貧農も、多く存在した。しかし、それは武士でも同じことである。幕臣だった勝海舟(一八二三~九九)の生家など、屋根の板すら薪に用いるほどの赤貧振りだったと伝えられる。士農工商のどの身分の中にも、富豪と貧民がいて、大きな経済格差があったとするのが適切だろう。

われわれは徳川時代の「百姓」なるものに対して、ある種の誤解をしていると考えざるを得ないからである。これは、ある種のイデオロギー的発想、いわばまことに教条的な「搾取・

被搾取」「支配階級武士・被支配階級百姓」という「図式」が、概括的把握はある程度は可能としても、仔細に見ていくと、その把握の仕方はまことに実態からかけはなれたものとならざるを得ないということである。〔山本 1987：28〕

渋沢本人の回想によると、彼の生家は、血洗村の約五十戸あった農家のうち、名主にして彼の伯父に当たる渋沢宗助（一七九五～一八七一）の家に次いで豊かな家だった。小村の第二位で、先ほど紹介したような余裕のある生活ができていたという事実から推測すれば、当時、このような農家は全国に相当数あったということになる。

山本は、この理由についても明確な解答を提示している。一つはインフレ、もう一つは当時の年貢の性質である。

藍香が目をつけたのが徳川時代の「しのびよるインフレ」であったことは注目に価する。確かに幕府はインフレを押えようとしたが成功しなかった。そしてインフレは「インフレ被害者」と「インフレ利得者」を生み出す。もっともこの「インフレ利得者」は必ずしも「インフレ便乗利得者」ではないが、いずれにせよインフレ利得者という新しい購買者層に対して新しい企業が起る。これは昔であれ現代であれ変らない。一方、固定給のみの俸給生活者は被害をうける。徳川時代の武士は原則として家康以来「ベース・アップ」なるものがない。これが金銭の支給だったら到底もちこたえ得ず、彼らの崩壊はもっと早かったであろうが、

「米」という現物支給であり、米もまたある程度値上りするから何とか持ちこたえ得ていた。

［山本 1987：34］

これが、一つ目のインフレに関する、山本の説明である。幕末のインフレで、固定給の武士層は経済的に困窮する一方、渋沢の生家や尾高家は、この状況下で新たな購買層が生まれることを予想して、製藍と養蚕に目を付けた。血洗島村や手計村は、立地条件もそれらの産業に最適だった。地主型豪農ではなく、経営型豪農だった両家は、インフレの中で製藍と養蚕を家業に加え、それらの取引によって利潤を上げ、富を蓄積していったのである。

次の年貢については、まず徳川吉宗（一六八四～一七五一）のときから用いられ始めた「定免《じょうめん》法」が影響している。これは、過去数年から十年、場合によっては二十年の租税額から「免」を算出し、米の豊凶に拘わらず、この額を一定の期間回収する方法である。これが適用されていた場合、急激なインフレが起きても、幕府側が早急に対応することが難しくなる。つまり、インフレ時には実質の税額が急激に下がってしまうということが、十分起こり得るのである。

幕末における渋沢家、尾高家は、この定免法によって税負担が一気に減少した。彼らの畑地に関しては、一反につき永楽銭二百五十文が税と定められていたというが、インフレによって、実質負担額は十分の一になったという。本来、年貢というのは農家に対する所得税の趣があったが、山本も指摘するように、定免法によって、一定期間に限ってみれば固定資産税に近付いたわけである。これがどれほど大きな話なのかは、次の説明から明らかだろう。

今では個人事業で利益が八千万円あれば国税だけで八十五パーセントとられる。これが自動的に十分の一、すなわち八・五パーセントになれば、中小企業者は大喜びであろう。徳川幕府は妙な〝善政〟を彼らにほどこしていたわけで、ここにインフレ利得者としての彼らの姿が明確に見えている。「五公五民」を厳正に、正しい評価で彼らの所得に賦課していたら、彼らの経済力は存在し得なかったであろう。と言って彼らは決してインフレ便乗利得者ではなく、また脱税をはかったわけでもなかった。［山本 1987：47］

かくして、幕末のインフレによって渋沢家や尾高家らの階層、すなわち「農村ブルジョアジー」が誕生することとなる。この時期におけるインフレの第一要因は、開国によって列強との貿易が始まったことだった。開国以前は、定免法でも十分に対応できていたのである。しかし、このような急激な変化に直面したときにこそ、指導者層の真の能力が露わになるという意見も、決して厳し過ぎるものとはできないところだろう。

「一両二分の書籍箱と硯箱」

このような経営型農家である渋沢家は、一体如何なる宗教、哲学を持っていたのだろうか。市郎右衛門はもちろん、渋沢自身もいわゆる思想家ではないため、この点についてはあまり明確とはいえない。しかし、『雨夜譚』の回想などで、これを相当高い精度で推察することは可能である。山本も、同書に含まれる一つのエピソードに注目している。それは、次のようなものだった。

父が極《ご》厳正な気質だという証拠は、自分が十五の歳〔安政元年〕に、同姓の保右衛門という叔父にあたる人と共に江戸に出て〈中略〉、書籍箱と硯《すずり》箱とを買って戻った。これはその頃家にある硯箱は、余り粗造の品だによって、江戸へ出るを幸いに、一個新調しようということを父に請求したら、よろしい、買って来いと許可しられたから、江戸へ来て、小伝馬《こでんま》町の建具屋のある処で、桐の二つ続きの本箱と同じく桐の硯箱とを、双方で能《よ》くは記憶して居ないが代金一両二分ばかりで買取った。〈中略〉これまで使用して居たのは、杉の板で打チ付けたのが真黒になって、ちょうど今日、自分の宅の台所で用いて居る炭取のような物だから、較べて見ると、いやしくも桐細工の新しいのとは、大いに相違して華美にみえる。［渋沢述 1984：21］

実に普通の話であり、古くなった書籍箱と硯箱を新調しただけなのだが、これに対して市郎右衛門の反応は、渋沢が予想だにしないものだった。

父は大いに驚き、かつ立腹の様子で、こういう風では、ドウモその方は、この家を無事安穏に保ってゆくということは出来ない、乃公は不孝の子を持ったといって、歎息しられました。ただし打ったり敲《たた》いたりするような手荒いことはなかったが、三日も四日も、心の中で自分を見限ったというような口気《こうき》で教訓されたことを覚えて居ます。［渋沢述 1984：21-22］

繰り返すまでもなく、渋沢家は豪農である。どれほどの経済力か、それを示す具体的な数字も存在する。この話の一、二年後、領主の安部信宝《のぶたか》（一八三九～六三）から上納金を求められた際、渋沢家が負担した額は実に五百両だった。名目としては貸付だが、実際は返ってこない金である。これほどの財力を持つ渋沢家の市郎右衛門が、息子による一両二分ほどの散財に憤るというのは、すぐに納得のできるものではない。

渋沢本人も、当初は市郎右衛門の怒りに戸惑ったようだが、熟考した上で、次のような結論に至ったと語っている。

父の心中では、かように自分の意に任せて事を取扱うようでは、つまりドンナ事をするかも知れぬという掛念《けねん》が強い。もとよりその金を惜しまれた訳ではないが、既に古書にも、「紂王《ちゅう》象箸《ぞうちょ》を為《つく》る。箕子《きし》歎きて曰く、彼、象箸を為る、必ず盛るに土簋《どき》を以てせずして、玉杯を為らしむ。玉杯象箸、必ず藜藿《れいかく》を羹《あつもの》にし、短褐を衣《き》、而して茆茨《ぼうし》の下に舎《やど》らざらん。すなわち錦衣九重、高台広室、これに称《かな》わんに、以て天下に求むれども足らず。」というてある通り、奢侈《しゃし》の漸《ぜん》というものは、もとより貴賤上下の差別はないもので、一物の微《び》といえども、その分限に応じて能くこれを初念の発動する所に慎まんければ、ついには取かえしのならぬことになるのは昔からいくらも例のある話で、今、自分がかように美麗な硯箱や書籍箱を買うほどだから、したがって居宅も書斎も気にいらぬというように、万事に増長して、つまり百姓の家を堅固に保つことが出来ないという、かの微を閉じ漸を防ぐという意味を以て、かように厳しくいわれたものと思われました。〔渋沢述 1984：22〕

すなわち、市郎右衛門が問題視したのは、一両二分という金額ではなく、華美で贅沢な書籍箱と硯箱を買うという渋沢の「心性」だった。奢侈を好むような人間は、次第にその対象を広げ、自分の回りにある、あらゆる物品を高価なものに変えたいと望むに違いない。そして、このような考え方は、必ず家を滅亡させることになるだろう。市郎右衛門は、渋沢が「私欲による消費」という、最も罪深い道に歩み出そうとしていることに対し、怒りを爆発させたのである。

それにしても、このエピソードといい、そこで示された哲学といい、これは極めて江戸時代的であり、より限定的には石門心学的に感じられる。特に、市郎右衛門が何より家の永続を優先している辺りも、そのように響く理由の一つといえる。実際に、渋沢家は石門心学の影響を受けていたのだろうか。

渋沢家と石門心学

これについて、山本は相当な自信を持って、渋沢家は石門心学の教えに感化されていたと述べる。特に、江戸で石門心学を広げた中沢道二の門下の人々によって、彼らはその教説を知ったとしている。これはおそらく、ほぼ間違いなく正解としてよいものだろう。傍証となるものは、幾つかある。しかし、先ほどの渋沢のエピソードに絡むものであれば、『斉家論』における次の箇所をみればよいだろう。

殷《いん》の紂王始《ちうわうはじめきさ》象の箸《はし》を為《つく》る時、箕子慨歎《きしがいたん》して、彼《かれ》象の箸を為《つく》り玉はゞ必《かならず》玉の杯《さかづき》を為《つく》るべし。玉の杯を為《つく》らば、必遠方珍怪《かならずゑんぱうちんくわい》の物を思ふてこれを用ひ、輿馬宮室《よばきうしつ》の漸自此始不可振《ぜんこれよりはじまりすくうべからず》といへり。君子《くんし》の眼違《まなこたが》はずして、遂に不振《すくわれず》して亡びたり。天下の主として象《きさ》の箸はわづかなれど、高山《かうざん》も微塵よりなるごとく、終《つひ》には民を暴虐《ぼうげき》し、殷《いん》の天下を亡ぼすに至る。高下《かうげ》ありといへども、家を興し家を亡す理は一なり。奢りは日に長し安し。恐《おそ》れ愼むべき事なり。子曰、禮は其奢らんよりは、寧《むしろ》儉せよと、又約《やく》を以て是を失《しつ》するものはすくなしと、聖人の意味は深長にして格別の事なり。しかれども先《まづ》儉約に思ひ付るゝことこそ殊勝なれ。［石田1972b：192-193］

これは、梅岩が倹約の意義を説いている部分だが、先ほどの『雨夜譚』との共通点は、いうまでもなく『韓非子《かんぴし》』の「箕子の憂い」の話を引いているところである。殷《いん》の紂王《ちゅうおう》は知力に優れながら、私欲を追求して悪政を行い、周の武王に討たれて滅んだとされる。夏《か》の桀王《けつおう》と並び、中国古代の悪王を代表する一人と伝えられる人物である。箕子は紂王の叔父であり、紂王の非道振りを諫めようと努力したが、一切聞き入れられず、殷を去ったという。

この紂王が象牙で箸を作ったとき、箕子は大いに恐れたと伝えられる。それは、紂王の欲望が次第にエスカレートし、最終的には、錦の衣服や豪勢な宮殿までも欲するようになると予期したからだった。これが渋沢のいう「奢侈の漸」である。

渋沢家が石門心学に触れていたかどうかについて、史料的な裏付けはない。しかし、倹約をテーマとした話に、梅岩と全く同じ「箕子の憂い」を持ち出していることを、偶然の一致とするのは無理がある。『斉家論』は、心学講舎の基本教科書の一つと定められており、少しでも石門心学を教示される機会を持った者は、間違いなく内容を知っていた。

山本は、先の話で示された市郎右衛門の思想について、次のように述べる。

これが五百両の上納金を右から左へとすぐ出せる人の言葉である。この考え方はまさに石門心学そのままだが、こういう点では栄一は、いかに譴責されても、父の言葉を正しいとしている。また、政治に対する考え方、武家に対する態度なども、『雨夜譚』に出てくる市郎右衛門は、全く梅岩と同意見と言わざるを得ない。だが、この点では、父子の意見は相一致することなく、栄一はついに家を出る結果になるのである。［山本 1987：72］

内容的にみて、市郎右衛門の考え方は、明らかに石門心学であり、この点については疑義が生じる余地はない。しかし、青年期の渋沢は市郎右衛門の考え方に全面的に賛同することができず、最終的には生家を出ていくことになる。それでは、渋沢の中には石門心学的なものがなかったというべきなのだろうか。その答えは、断じて否である。

『雨夜譚』は、一八八七（明治二十）年に、渋沢が口述したものを基にして、編まれた書である［長 1984：318］。つまり、渋沢が四十八歳だった頃の言葉が収められていることになる。彼は先の話の最後に、このように付け加えている。

父の方正厳格であったことはこの一事でも分って居ります。しかしこの譴責を受けた時は自分の心中では、余り厳正に過ぎて、慈愛の薄いように思われましたが、それは自分の心得違いでありました。［渋沢述 1984：22］

四十八歳の渋沢は、市郎右衛門の倹約に関する考えが正しかったことを認めている。これは、年を重ねて考え方が変化したためとはいえない。山本が「市郎右衛門的な伝統は常に彼の心の底辺にあり、これが、政治運動に熱中しているような時でも、時々、表に出てくるのである」［山本 1987：72］というように、渋沢の言動を確認していくと、その底流には一貫して「市郎右衛門的な伝統＝石門心学」のあることがわかるからである。

ところで、先の「一両二分の書籍箱と硯箱」の話は、梅岩が十歳の頃、山で栗を五つか六つ拾って帰って来たときの話と、性質的にも構造的にも驚くほど似ている。最後に、父親の方が正しかったと反省する件も、全く同じである。梅岩のことを詳しく知っていたかどうかは別にして、渋沢の中に石門心学的なものがあったことは、間違いないと断言できる。

尊王攘夷運動から幕臣へ

もし、渋沢が血洗島村で家業を継いでいたならば、それはそれで優れた製藍家として、あるいは養蚕家として、地方の歴史に名を残したに違いない。彼は十五歳の頃から、家業の一部を任され、十分に実業の能力を涵養していた。また、それに加えて、先ほど引いた話に明らかなように、市郎右衛門から勤倹たることを十分に叩き込まれていたからである。

しかし、実際の彼は、生家に留まることを拒絶した。その精神性に最も影響を与えたのは、藍香に他ならない。藍香は、幕府が財政上の理由で近く崩壊すると予言していたが、ただ座してそのときを待っているような人物ではなかった。山本は彼の思想の中に、水戸学の諸要素を見出している。中でも、多くの倒幕派志士たちが聖典扱いした、浅見《あさみ》絅斎《けいさい》（一六五二〜一七一一）の『靖献《せいけん》遺言《いげん》』に大きな影響を受けたのではないか、と述べている。

一方で、渋沢は一八六一（文久一）年に、江戸に出て儒者である海保《かいほ》漁村《ぎょそん》（一七九八〜一八六六）の私塾「掃葉軒」に入門している。また、同時期から北辰一刀流の道場「玄武館」で、剣術修行も始めた。いわゆる遊学だが、このようなことまで実行できる経済力が、渋沢の家にはあったのである。

一八六三（文久三）年、藍香は大胆にも高崎城の乗っ取りを立案し、渋沢もそれに参加することになる。集めた人員は、六十九名にも及んだ。資金は渋沢が、藍玉の取引の中から勝手に工面したもので、百五十〜六十両ほどだったという。この頃、彼らの中にあったのは、至極単純な尊王攘夷思想に他ならない。『雨夜譚』では、このときのことも語られている。

その密議の一案というのは、すなわち一挙に横浜を焼き撃ちして、外国人と見たら、片ッ端から斬り殺してしまうという戦略であった。しかし横浜襲撃の前にまず高崎の城を乗取って兵備を整えた上で、高崎から兵を繰り出して鎌倉街道を通って横浜に出れば通行も容易である。江戸を通過する時は、いかに懦弱《だじゃく》だといっても諸大名なども居てかれこれ面倒であるから鎌倉街道に依るという軍法で、ずいぶん乱暴千万な話に相違ないが、これがもし果してその時に実行したことなら、自分らの首は二十三、四年前に飛んでしまったであろう。［渋沢述 1984：36-37］

これを、青年期ならではの軽挙妄動ということはできない。渋沢はこの時点で二十四歳、藍香に至っては三十四歳だった。しかし、幸いにもこの暴挙は実行に移されることがなかった。それは、藍香の弟である尾高長七郎（一八三六〜六八）の強い反対があったからである。長七郎は藍香によって、情報収集のために京都に送り込まれていたのだが、皮肉にも、その彼から高崎城の乗っ取り計画が非現実的だと批判された形となった。

その後、お伊勢参りに偽装して出奔した渋沢は、少し前まで長七郎がいた京都に向かった。このときに渋沢は、家計から抜き取った百五十〜六十両のことを市郎右衛門に自白しているが、彼は怒るどころか、旅費として渋沢にさらに百両を与えたという。

この後、渋沢は江戸で築いたコネクションによって、一橋慶喜（一八三七〜一九一三）の家臣に取り立てられている。渋沢は藍香を通して水戸学の強い影響を受けており、慶喜が水戸藩の藩主だった徳川斉昭（一八〇〇〜六〇）の七男だったことも、喜んで家臣となった理由の一つだろう。いずれにせよ、ここで渋沢は、長らく憧れていた武士になったわけである。最終的に、渋沢はその実務能力を高く評価され、一橋家の勘定組頭に就くこととなる。

当時、京都は江戸に代わって政治的中心地になりつつあった。また、近接する大坂は、江戸時代を通して経済的先進地域だったが、この最大の理由は堂島米市場にある。一六九七（元禄十）年に堂島新地に移転してきたこの市場は、日本の米取引の中心地だった。渋沢は、世界初の先物取引市場でもあったこの市場を実地で見学し、経済のシステムを深く理解するに至っている。

一八六六（慶応二）年に、慶喜が征夷大将軍に任じられると、渋沢は幕臣となった。翌年、慶喜の弟に当たる徳川昭武（一八五三〜一九一〇）に従って、彼はパリに向かった。いわゆる「パリ万博使節団」の一員となったのである。これは少々驚くべきことだろう。高崎城乗っ取りを企てていたテロリスト予備軍の豪農の子が、わずか三年で幕臣となり、当時、世界第二位というべき勢力を誇っていたフランスに行ったのである。もちろん、これは公式使節としての訪問だった。渋沢の立場や肩書は、この数年で急激に変化した。

この経歴から、「埼玉の田舎の百姓の子の渋沢栄一がパリで開眼した」といったような意見［山本 1987：54］が出されることもあった。しかし、それが、フランス訪問によって渋沢に思想的転回があったと捉えたものであれば、山本もいうように「珍説」以外何物でもない。事実、渋沢はフランスで数多くの知識を獲得したが、物の見方については以前と全く変わっていないからである。

彼〈渋沢のこと＊引用者注〉より前か同じころにヨーロッパに留学した者は、当時の思想にいわば〝かぶれ〟て、一時的とはいえ「共和主義者」乃至「共和主義的」になって、次に転向して天皇絶対になっている者は決して少なくない。その典型的なのは最初の東大総長加藤弘之であろう。だが、〈中略〉「官民対等」であらねばならず、日本も是非そうしなければならぬと思っても、彼はその達成が、西欧思想の日本への移植によって可能になるとは思っていなかった。彼は、学問や思想、さらに極言すれば空理空論からヨーロッパを見ていたのではなく、あくまで「実務」を通じ、同時に〈中略〉言動に接することによって書物の上のヨーロッパでなくその現実を見ていた。［山本 1987：361］

封建的な江戸時代日本に育った青年が、先進的な西欧の世界を目の当たりにして、近代的思想に開眼するという「物語」は、理解し易く、そのことからも使用されることが多い。渋沢より少し前の時代の人物であれば、漂流民だった中濱万次郎（一八二七～九八）や仙太郎（一八三二～七四）などは、このような「物語」を当て嵌めて語られることがよくみられた。しかし、少なくとも渋沢の思想は、フランスから帰国した後も、以前同様だった。当時の記録をみても、渋沢は明確に「実務」的、もっというなら功利的に西欧世界を眺めていたことがわかる。

「民間人」を貫いた渋沢

渋沢のフランス滞在中に、江戸幕府は崩壊する。その後間もなくして戊辰戦争が始まり、慶喜は謹慎、旧幕府軍の勢いも日を追うごとに減じていった。渋沢の学問の師でもあった藍香は、江戸で彰義隊に参加した後、振武軍に入って新政府軍と戦っていた。このような状況の中、新政府から帰国の命を受けた渋沢たちは、一八六八（明治一）年十一月、横浜港に帰着する。

この頃のことについて、『雨夜譚』では次のように述べられているが、これは彼の思想を知る上でも重要な内容を含んでいる。

幕府を倒そうとして様々苦慮した身が反対に倒されて、亡国の人になってほとんどなすべき道を失ったのだから、残念でもあるがまた困却もした。さればといって、目下羽振りのよい当路の人々に従って新政府の役人となることを求むるのも心に恥ずる所であるから、仮令《たとい》当初の素志ではないにもせよ、一旦は前君公の恩遇を受けた身に相違ないから、いっそ駿河にいって一生を送ることにしよう、また駿河へいって見たら何ぞ仕事があるかもしれぬ、もし何にもする事がないとすれば農業をするまでの事だと、始めて決心をしました。［渋沢述 1984：154］

実際に、渋沢は慶喜の後を追って駿河に移住している。彼の地で商法会所を設立したことも、よく知られている通りである。しかし、先に引いた言葉は、豪農の出だった人物のものというよりも、極めて武士的といえるだろう。特に、「新政府の役人となることを求むるのも心に恥ずる所」と「前君公の恩遇を受けた身」という二箇所は、武士道に典型的な道徳を感じさせるものである。自らの誇りが傷付けられることを許さず、また二君に仕えることを決して是としない心性が、そこには露わになっているからである。

後に、渋沢は『論語と算盤』において、次のように武士道について語っている。

今や武士道は移して以て實業道とするがよい、日本人は飽くまで大和魂の權化《ごんげ》たる武士道を以て立たねばならぬ、商業にまれ工業にまれ、此の心を以て心とせば、戰争に於て日本が常に世界の優位を占めつゝ、あるが如く、商工業に於ても亦《また》世界に勇を競ふに至らる、のである。［渋沢述 1927：308］

すなわち、商業の世界に生きる者も、武士道を追究する必要があるという見解である。渋沢は、武士道の神髄として「正義・廉直・義侠・敢爲・禮譲」の五つを挙げているが、このような武士道由来の道徳も、彼は一生涯自身の中に持ち続けようとした。

興味深いことに、元は武士ではなかった新選組の面々や渋沢のような人ほど、武家出身者以上に武士道というものを尊重する傾向が強かった。それは一面、単純な憧れからかも知れないが、それ以上に、当時の疑い得ない最高道徳が「武士道と呼称されるもの」の中にこそあると、身分に拘わらず、大部分の人々が認めていたからではないだろうか。だからこそ、武士になった暁には、その最高道徳に身を捧げなくてはならないと、半ば狂信的に思ったのだろう。

二君に仕えることを許せなかった渋沢だが、一八六九（明治二）年、如何にしても断り切れず、新政府からの招聘に応じて、民部省に出仕している。その後は、大蔵省でも働いた。このときに渋沢の斡旋で、藍香は富岡製糸場の初代場長となっている。しかし、早くも渋沢は一八七三（明治六）年に官職を完全に辞してしまう。

彼はその後、一度も新政府の出仕の要請に応じることなく、一貫して民間の人間として生きた。彼の実業家としての業績は、数限りないほどに存在するが、特に挙げられるのが第一国立銀行（現・みずほ銀行）の開業と、抄紙会社（現・王子製紙）の創立だろう。

渋沢は実業界のみならず、教育の分野や慈善事業でも活躍した。例えば、博愛社（現・日本赤十字社）の創立に関わったり、商法講習所（現・一橋大学）の運営を支援したり、また女子教育奨励会の設立人の一人になったりしている。女子教育には特に強い関心があったようで、一八九七（明治三〇）年には日本女子大学校創立発起人になり、また一九二四（大正十三）年には東京女学館の館長に就任している。

なお、『論語と算盤』において、渋沢は女子教育について、次のように説く。

婦人に對する態度を耶蘇教的に論じて云々することは姑く別とするも、人間の眞正なる道義心に訴へて、女子を道具視して善いものであらうか、人類社會に於て男子が重んずべきものとすれば、女子も矢張社會を組織する上に其の一半を負うて立つ者だから、男子同様重んずべき者ではなからうか、既に支那の先哲も、「男女室に居るは大倫なり」と云うてある、言ふ迄もなく女子も社會の一員、國家の一分子である、果たして然らば女子に對する舊來の侮蔑的觀念を除却し、女子も男子同様國民としての才能智徳を與へ、倶に共に相助けて事を爲さしめたならば、從來五千萬の國民中二千五百萬人しか用を爲さなかつた者が、更に二千五百萬人を活用せしめる事となるでは無いか、是れ大に婦人教育を興さねばならぬといふ根源論である。〔渋沢述 1927：357-358〕

合理主義者を自認する、渋沢らしい論理である。女子教育をしっかり行えば、男子教育だけのときよりも、倍の優秀な国民が生まれるというのである。他の箇所でも、賢人が出る条件として賢母の必要性を説き、そこから女子教育の必要性を主張しているが、これもやはり極めて合理的な意見といえる。現代人からは多少反発されそうな理由付けではあるが、既に取り上げた残口も梅岩も、男女平等の基盤になっているのは合理的理由だった。残口は、世界の始原は男女から生まれる子であることから、梅岩は女性にも優秀な学者は多く存在することから、男女平等を主張していたのである。

なお、先の引用部の冒頭では「婦人に對する態度を耶蘇教的に論じて云々することは姑く別とする」と述べられているが、これは、西欧思想から意識的に距離を置いている渋沢らしいものといえる。

第二節　渋沢の「仕事の思想」とその精神

「日本教」と渋沢

山本は、日本における「仕事の思想」は、江戸時代にほぼ完成されて、現代にまで限りなく無傷で保存、継承されてきたものと考えていた。この「仕事の思想」の基盤にあるものが、彼のいう「日本教」であり、他の国ではみられない独特の性質を持つ宗教的基盤だった。それでは、渋沢の思想の中にも、やはりこの「日本教」は確認できるものだろうか。

このことを考えるために、山本がベンダサン名義で著した『日本教徒』にある、日本教のわかりやすい定義を、ここに引いておこう。

ハビヤン〈ハビアンのこと＊引用者注〉においては、宗教は、人間が「ナツウラの教へ」(日本教的自然法) 通りに「現世安穏・後生善所」に生きるための「方法論」としてのみ存在理由がある。とするとここに、二つの態度が出てくるはずである。一つは、㈠個人における宗教選択の自由であり、もう一つは、㈡現世安穏を乱す思想およびこの思想に基づく行為の排撃である。「思想」を絶対化すればこの二つは矛盾するが、彼のように、思想以前に「ナツウラの教へ」という絶対者があり、あらゆる「宗教乃至思想」をこれに到達する方法論と規定すれば、この二つは少しも矛盾しない。〔ベンダサン 1976：153〕

「日本教」は、大きく分けてこの二つの態度を、その信徒に選択させるものなのだという。宗教選択の自由は、種々の宗教や哲学を「混血の雑種」として共生させることを可能とさせるもので、その最もわかり易い例は、やはり石門心学である。かの思想が、神儒仏及び老荘思想の混成だったことは、ここで繰り返すまでもないことだろう。

渋沢の思想の中に、明らかに石門心学の影響があることは、「一両二分の書籍箱と硯箱」の話などによって判明した。それのみならず、他にもそう判断できる箇所は存在する。次に引くのは、『論語と算盤』からの言葉である。

要するに、青年は良師に接して自己の品性を陶冶しなければならない、昔の學問と今の學問とを比較して見ると、昔は心の學問を専一にしたが、現今は智識を得ることにのみ力を注いで居る、昔は讀む書籍その者が悉く精神修養を説いてゐるから、自然と之を實踐するやうになつたのである、修身齊家と言ひ、治國平天下と言ひ、人道の大義を教へたものである。［渋沢述 1927：352］

渋沢の口述書は数が多いが、これほど石門心学の影響が決定的な「言葉」は、他にみられないだろう。ほとんど『都鄙問答』の一節のようである。簡単に解釈を試みれば、次のようになる。

かつては「心の學問」、すなわち自己の心を磨く学問が第一とされていたが、今は知識を収集することがそれに取って代わっている。昔読まれていた本には、学問とはことごとく精神修養であると明記されていたため、その実践に繋がっていた。『大学』でいわれるように「修身斉家治国平天下」であり、自己の精神修養なくして、最終的な国の安定もないからである。

大意は以上である。これは全く石門心学そのものであり、山本のいう「心学《ソウロロジイ》」の性質を完全に備えたものともいえる。「日本教」に特徴的な「心学《ソウロロジイ》」は、様々な問題を自己の内にある「仏性」や「性」の発現によって解決させようとするものだった。そのために、あらゆる思想は道具となり、結果的に「思想それ自体を決して絶対視しない考え方」となる。

渋沢は、よく知られているように「道徳経済合一説」を提唱しており、それはそのまま『論語と算盤』という、彼の主著のタイトルになっている。それでは、渋沢は「論語」自体を絶対視していたのだろうか。『青淵百話』（一九一二）には、次のような言葉がある。

而《しか》して余は、宗教として將《ま》た經文としては耶蘇の教がよいのであらうが、人間の守る道としては孔子の教がよいと思ふ。こは或は余が一家言たるの嫌があるかも知れぬが、殊に孔子に對して信頼の程度を高めさせる所は、奇蹟が一つもないといふ點である。クリストにせよ、釋迦にせよ、奇蹟が澤山にある。耶蘇は刑せられた後三日にして蘇生したといふが如きは明かに奇蹟ではないか。尤も優れた人のことであるから、必ず左様《さう》いふことは無いと斷言も出來ず、それ等は凡智の測り知らざる所であると謂はねばなるまいが、併しこれを信ずれば迷信に陥りはしまいか。斯かる事柄を一々事實と認めることになると、智は全く晦まされて、一滴の水が薬品以上の効を奏し、焙烙《ほうろく》の上からの灸が利目あるといふことも事實として認めなければならなくなるから、其の因つて來る所の弊は甚しいものである。日本も文明國だと謂はれて居ながら、未だ白衣の寒詣や、不動の豆撒きが依然として消滅せぬのは、迷信の國だとの譏《そしり》を受けても仕方がない。［渋沢 1913：165］

これは、同書第二十三話「論語主義と権利思想」から引いたものである。内容的に、ほとんど『妙貞問答』の渋沢版だといえる。前提となるのは、唯一絶対の宗教はないというものであり、渋沢は全ての宗教を同じ土俵に乗せた上で、その利点と欠点を論じ、どれを選択すべきかを議論しているのである。

面白いのは、純粋に宗教としてはキリスト教の方が上かも知れないといいながら、人間が生きる道を学ぶには、儒教の方が適切と主張している点である。これは逆にいえば、儒教は宗教としてはキリスト教より下であるという表明になる。そして、人が生きる道を学ぶ上で、儒教を評価すべき点は、そこに「奇蹟」が入り込んでいないからだという。

この「奇蹟」とは、イエス・キリストが刑死後、三日目に復活したというような、いわゆる超常現象を指す。このような「奇蹟」を語る教説は、合理的判断を鈍らせるものと渋沢は考えていた。同様の観点から、日本における寒行や節分の豆撒きも批判している。自文化も他文化も、客観的かつ公正に評価できる点こそが、渋沢が真の国際人とされる所以だろう。

そして、このような『論語』を中心とした儒教選択の理由は、渋沢において、明らかに国益にあった。すなわち、儒教によって各個人が修身を実践し、家庭や企業が整えば、平和と更なる富がもたらされ、かつ世界的にも尊敬を受けられる国になるというのが、彼の思想の中心にあった。これも実に合理的であり、功利的な姿勢といえる。

「現世安穏」・幕藩体制・日本

ところで、山本の「日本教」の定義には、「現世安穏を乱す思想およびこの思想に基づく行為の排撃」というものもあった。これは渋沢においても、認められるものだろうか。

まず、青年期渋沢が過ごした幕末は、平和と治安のよさが失われつつある時代だった。インフレによって多くの武士、庶民が困窮し、外圧の強化によって幕藩体制に綻びがみえたことで、水戸学に基づく尊王攘夷思想が若者に流行した。これによって、テロが頻発し、多くの人々が列強との戦争すら起きかねないと考えていた。そのような状況の中、渋沢も藍香を通して水戸学に影響を受け、高崎城の乗っ取りや外国人の暗殺を目論んだ。振り返ってみると、「現世安穏を乱す思想およびこの思想に基づく行為の排撃」どころか、渋沢自らが「現世安穏を乱す」側になろうとしていたようにみえる。

しかし、この解釈は明らかに誤りである。若き日の渋沢が目指していたのは、方法としては擁護できないものだが、やはり平和を取り戻すことだったのである。一体、何の平和なのだろうか。それは紛うことなく、日本という国家である。

ハビアンや正三、そして梅岩にとって、日本という国家は幕藩体制そのものだった。しかし、既に秩序が乱れている時代に生きた渋沢にとって、そのような意見はもう通用しない。日本という国家は疑うべくもない枠組みだが、その平和を実現するためのシステムは、幕府とは全く違うところに求めなくてはならなかった。それが、天皇親政の中央集権国家である。尊王攘夷派は、疑念の余地なく、誰もが強烈な愛国者だった。彼らは、崩れつつあった幕府を一度完全に破壊して、その後に新しい日本を立ち上げ、安寧秩序を取り戻そうとしていたのである。

このように考えれば、青年渋沢がテロに打って出ようとしたことは、「日本教」の考え方に抵触するものではないとわかる。また、テロの計画が頓挫した後、慶喜の家臣となったことも、決して「転向」ではなかった。渋沢は、水戸学の中心人物だった徳川斉昭の実子だったからこそ、慶喜に臣従したのである。もちろん慶喜本人も、典型的な尊王攘夷思想の持ち主だった。

一八六四（元治一）年、渋沢は慶喜に初めて拝謁したとき、このようなことを伝えたという。

君公には賢明なる水戸烈公の御子にましまして、殊に御三卿の貴い御身を以てこの京都守衛総督という要職に御就任あそばされた上は、恐れながらいかにも深遠の御思召があらせられての事と存じます。今日は幕府の命脈も既に滅絶したと申し上げてもよい有様であります。ゆえに今なまじいに幕府の潰れるのを御弥縫《ごびほう》なされようと思召すときは、一橋の御家もまた諸共《もろとも》に潰れますから、真に御宗家を存せんと思召すならば、遠く離れて助けるよりほかに計策はないと考えます。〈中略〉畢竟《ひっきょう》幕府を潰すのは徳川家を中興する基であります。［渋沢述 1984：65-66］

慶喜に仕えた後も、幕藩体制が危機的状況にあるとの認識は、一切変わっていなかったことがわかる。ここで渋沢が建言しているのも、自らが家臣となった一橋家と徳川宗家を守る方法であって、そのためには幕府が崩壊するのは止むを得ないとまで考えていたのである。

渋沢の国家についての考え方も、『青淵百話』には明確に記されている。彼は、「國民が皆一様に國家を思ひ、國政を憂ふる様になつたのは國家としての一大進歩」〔渋沢 1913：21〕とした後、このように述べる。

勿論國家の政體に關する批評のごときは吾人の云々すべき所でない。少くとも今日を以て滿足と思うて居るものである。希くは今日の政治、今日の憲法を以て愈《いよいよ》國家の富裕を致し、益《ますます》國家の強大ならんことを致されたい。それには聖明なる　陛下の大權を預り奉るところの當局者が、深く意を治民に用ひねばならぬことは申すまでもない。〔渋沢 1913：23〕

これは同書第三話「國家」からのものである。ここで渋沢は、国の状態について心を砕く必要はあるが、その政体について批評するようなことは、被治者は行うべきではないと断言している。その次の「今日を以て満足と思うて居る」の一節は、極めて重要である。『青淵百話』の初版が出版されたのは一九一二（大正二）年であり、この時代の日本国内は戦争状態でもない上、治安も決して悪いものではなかった。少なくとも、青年渋沢が行動を起こそうとした幕末に比べれば、圧倒的に社会は安定していた。ゆえに、この国の状態を「満足」と思うのが当然としているのである。

このようにみると、「現世安穏」が保障されている以上、社会の体制を所与として、そこに疑念を抱くことのない「日本教」は、見事なまでに渋沢の中でも保存されていたという他ない。なお、渋沢の考える国家とは、既に出た「修身斉家治国平天下」そのままの、儒教的認識に支えられたものだった。

國家社會といふ言葉は日常耳にし慣れた所であるが、國家といひ、社會といふは抑《そもそも》如何なる種類のものであらうか。余は元來學者で無いから之を學問的に説明することは出來ぬけれども、余が常識から判斷して觀れば、國家といひ社會といふとも、要するに形式上の差で、内容に於ては同一義のものであらうと思ふ。一旅の集合が一家となり、一家の集團が一村落となり、一村落が一郡となり一國となる。而して一國の政治組織を備へたものが國家と成るのであるから、國家といふとも其の始は一私人から起る。［渋沢 1913：22-23］

国の始源を個人に置き、それが集まって共同体を形成し、その共同体が集まって国家となるのであれば、国や社会が安定する条件とは、第一に個人の修養にあることは明白である。「現世安穏」を維持継続するには、個人の道徳的向上が常に要請されるが、そこにこそ渋沢の「仕事の思想」は関連付けられることとなる。

天命と「あきらめ」

梅岩は自身のその時々の仕事を、天理によって与えられた「形」と捉え、この実践を説いた。渋沢の職業論は、やはり梅岩のそれと極めてよく似ており、人間の行動を個人の人智の及ばない別次元のところから律するものとして、「天」の存在を挙げている。もちろん、この天の観念は、儒教から獲得したものだった。『青淵百話』の第一話「天命論」には、このようにある。

> 天命とは實に人生に對する絶對的の力である。此の力に反抗して事を爲さんとしても、それが永久に遂げ得るものでないことは、必ずしも余が說く迄もなく、既に幾多の歴史が之を證明して居る。彼の「天命を知る」時に於て、人は初めて社會的に順序あり系統ある活動が出來ると共に、其の仕事も永久的生命のあるものとなるので、これ即ち天祐、天運の起る所以である。されば天命を樂んで事を爲すといふことは處世上に於ける第一要件で、眞意義の「あきらめ」は何人も持たなくてはならぬ。そして佛教に於る「涅槃の境」よりも、耶蘇教に於ける「天國」よりも、此の「天命に安んずる」の境地には何人も到着し易い所である。故に人も我も常に此の心を心とし、意義ある生涯を送る様にしたいものである。［渋沢 1913：9-10］

渋沢は、近代西欧思想の標榜する自由意思を、そのまま肯定しない。天命という「人生に対する絶対的の力」を認め、これを素直に受け容れて、人生を歩むべきだと説くのである。もちろん、仕事もその人生に含まれる。彼は、天命を知り、それを受容して実践したときに、自身の仕事は「永久的生命」を持つとも主張する。

なお、ここで渋沢がいう「眞意義の『あきらめ』」は、次の箇所で説明されているものである。

> 天は實に靈妙なるものである。公明なるものである。正大なるものである。廣く社會の爲を思ふが、一人に禍福を與《あた》へんとするものではない。故に社會の爲に自ら盡《つく》す者に向うて、天も亦幸するものである。而《しか》して社會に對して自己の責務を盡すは吾人《ごじん》の務で、之を滿足に務めるだけそれだけ自己の本分を完うしたことになり、幸福もまた其處《そこ》へ來るものと考へるから、余は天に對しても、神に對しても自己に幸あれかしと祈つたことはない。唯自己の本分を盡す上に不足なきや否やに就き自省するのである。而も安心立命は此處《ここ》にある。俗に云ふ「あきらめ」とは此の事で、此の一念に對し惑はず倦まず直進する迄である。［渋沢 1913：8-9］

この説明を踏まえると、渋沢のいう「あきらめ」は日常的に使用されるそれではなく、「諦観」の方に近い意味を持つものだろう。すなわち、「悟って超然とすること」の意と考えられるが、「自己の本分を盡す」とある通り、自らの仕事を含む、境遇全体を肯定的に受容することを求めるものに相違ない。日々、職分を尽くすことを怠らなければ、天もまた、その者に幸いをもたらすというのが、渋沢の主張だった。

天命と仕事の関係も、同書第十話「天の使命」において、渋沢は次のように説いている。

元來人がこの世に生れて來た以上は、自分の爲のみならず、必ず何か世の爲となるべきことを爲すの義務があるものと余は信ずる。即ち人は生れると共に天の使命を享《う》けて居る。世に生れ出たのは、直接には父母の恵であるが、本源は造物主なるものがあつて、何事をか爲さしむべき使命を與へて、己を此の世に現したのであるから、此の使命を完《まつと》うすることは人間の責務である。〔渋沢 1913：76-77〕

ここで、渋沢は「天の使命＝仕事」とまでは明言していない。しかし、この後に「自分も亦《また》社會の事、公共の事には出來るだけの貢献を爲し、其の使命を完《まつと》う仕度《した》いと期して居る」〔渋沢 1913：77〕とあることから、使命は仕事とほぼ同義と捉えて差し支えないだろう。しかし、このように解釈すれば、これはまさしく「形ニ由ノ心」であり、実に石門心学的な考え方といえる。渋沢は、使命を全うするために、社会及び公共のことに尽くしたいと語るが、このことは彼の職業観にとって欠くべからざるものだった。それは端的に述べれば、専ら私欲に基づくものを、仕事、すなわち天の与えた使命とは捉えていなかったからである。

渋沢の商業論

仕事そのものについては、渋沢が最も深く、そして長く関わった商業に関して、自説を詳細に開示している。『青淵百話』第二十五話「商業の眞意義」においては、ある人から受けた「商業の眞意義とは何であるか」という質問に答える形で、次のように商業論が展開されている。

多藝多能多智多才の人でも、唯一人のみにて世の中に存在してゆく譯にはゆかぬもので、一郷、一郡、一國の爲に考へなくては、眞に人生の目的を達したとは謂はれない。〈中略〉元來商業を營むといふことは、自己の爲に起る行爲に相違なからうが、商業といふ職分を自己一身の爲のみと思ふと大なる間違である。道理より考へれば、一方は物品を生産し、一方は其の物品を消費する、此の間に立つて有無相通ずるの職分を全うするのが商業の目的である。而して此の行爲は互に相寄り相助けなければ出來ぬことで、如何に己一身だけ孤立してやり度《た》いと焦つても、それは何人にも不可能のことである。〔渋沢 1913：172-173〕

この説明を読むと、少なくとも渋沢の商業論は、「正三―梅岩―石門心学」の流れに見事に繫がることがわかる。商業は社会における流通を担う仕事であり、「有無相通ずる」ことこそが職分である。そして、この性質から理解できるように、商業は社会、共同体がなければ成り立たない。よって、商業に携わる人間は、常に公益を志向しなくてはならないということになる。ただし、渋沢は商人の私利と蓄財を否定するものではない。その仕事の動機に、公益を無視した私欲があってはならないと主張するのである。

商業は決して個々別々に立つものではない。其の職分は全く公共的のものである。故に此の

> 考を以てそれに従事しなければならぬ。公益と私利とは一つである。公益は即ち私利、私利能く公益を生ずる。公益となるべき程の私利でないと眞の私利とは言へぬ。而して商業の眞意義は實に此處に存するものであるから、商業に従事する人は、宜しく此の意義を誤解せず、公益となるべき私利を營んで貰ひ度《た》い。これ軈《やが》て一身一家の繁榮を來《きた》すのみならず、同時に國家を富裕にし、社會を平和ならしむるに至る所以であらう。［渋沢 1913：176］

最終的に、渋沢は商人自らが得る私利は、すなわち公益でなくてはならないと説く。この表現は、かなり強烈である。公益を志向した仕事を行い、その結果として私利を獲得してもよいということではなく、「私利＝公益」となるようなものが、真の商業だという主張だからである。ここに内在する論理について、渋沢は詳しい説明を試みていないが、字義通りに解釈するならば、商人やその仕事が存在すること自体が、公益に適うものでなくてはならない、ということになるだろう。

最後に「修身斉家治国平天下」を思わせる箇所があることからして、この公益とは、やはり種々の共同体を維持存続させ、しかもそれを豊かにしていくことを指すと考えられる。そうであれば、自らの存在が種々の共同体にとって、如何なる位置を占め、如何なる影響を与え得るものか、常時反省し続けなければならないということとなる。これは限りなく、宗教的な意味での修行者に近い精神性を要求するものとなるだろう。

山本は『勤勉の哲学』において、正三の商業論について次のように論じていたが、これを踏まえるならば、渋沢の説も理解が深まるに違いない。

利潤という意識は当然に「私利の獲得」であり、これは動機純粋とはいえず、「私心」なしには行えないとすると、正三の発想は利潤否定論に発展するのか、といえば決してそうではない。「私欲の念をすて、此売買の作業は、国中の自由をなさしむべき役人に、天道よりあたへたまふ所也と思定て」私心を全くすてて商売すれば「火のかはけるにつき、水の下れるに随て、ながるるごとく、天の福、相応して、万事、心に可レ叶」であるという。〔山本 1979a：96〕

渋沢が商人に求めているものは、まさにこの「国中の自由をなさしむべき役人」になることといえる。天命によって商業という仕事を与えられたものは、その「形」に従って、国を含む大小の共同体に正しい自由をもたらす「役人」とならなくてはならない。これはもはや、公に殉じる生き様であり、その公が天理の与えたものだとすれば、渋沢のいう「天命に安んずる」とは、優れて宗教的な目標だったことになる。

「余は宗教を好まぬ」

このようにみると、渋沢は熱心な宗教家のようにさえみえるかも知れない。しかし、彼は『青淵百話』第一話「天命論」において、「宗教を好まぬ」と断言する。『論語』を重視し、時には「本源は造物主」などという発言もする彼が、何故宗教を嫌うのか。そしてそれは、本当のことなのだろうか。この件について、本人の説明は次の通りである。

余は昔から宗教と名のつくものは一切嫌ひである。耶蘇教は勿論のこと、東洋教たる佛教すらも好まない。聖徳太子は嫌ひだが守屋大臣は好きの方で、青年時代に漢文を讀む場合でも、韓退之なぞの排佛論を好んで讀んだものであつた。勿論耶蘇教にしろ佛教にしろ其の根本教義の悪い筈はないが、之を布教する政略が氣に喰はない。殊に佛徒に於ては彼の法然上人が「一念彌陀佛、即滅無量罪」なぞと唱へて、愚民愚夫を誘うた如き例がいくらもあるが抑余はそれが嫌ひである。故に宗教に依つて安心立命を得ようとは思はず、眞の安心立命は儒教に依らなければ得られぬものと観念したが、青年時代より今日迄決してこの心は動かなかつたのである。[渋沢 1913 : 7]

多くの人は、これを読むと驚くに違いない。宗教は全て嫌いで、キリスト教はもちろん、仏教も好きではない。そのように主張しながら、儒教は受け容れているのである。つまり、渋沢にとって、儒教は宗教にカテゴライズされないものだったということになる。

この理由は幾つか考えられるが、今引いた箇所にも、それに関わることが書かれている。すなわち、「布教する政略が氣に喰はない」というものである。教義自体に問題があるというよりも、布教して信徒を増やそうとする行為に、渋沢は抵抗を示していたのだろう。正確にはそのような意味ではないにせよ、法然の「一念彌陀仏即滅無量罪」は、「一度でも阿彌陀仏を心に念ずれば、過去の無量の罪を消滅することができる」という意味に解されがちだった。このように愚民に迎合するような教説の平易化を行って、信徒数を増やそうとすることを、渋沢は何より嫌ったようである。

以上のように考えてみると、彼の中では「積極的に布教する」という行為の有無が、宗教か宗教ではないかの判断基準になっていたことがわかる。確かに、日本における儒教は、教団を築いて信徒数を増やすことを行っていない。長い間、宗教より学問に近い扱いを受けてきたことも、その理由だろう。

しかし通常は、宗教とは、何より超越的存在を認める考え方として理解されている。それを踏まえれば、儒教は紛うことなき宗教である。天や「理」の観念からしてそれは否定できないところだが、そもそも渋沢は、「天命に安んずる」を到達目標として人々に説いていたのである。人間の自由意思を超えた、思考の及ばないものを人生の芯に置いている時点で、彼は敬虔な宗教家以外の何者でもない。

ただ、渋沢の宗教と、当時の日本における仏教やキリスト教が、大きく異なる点もある。それは、山本が正三と梅岩を比較して指摘したもの、すなわち人格神信仰と理神論との違いである。当時の日本における仏教やキリスト教は、人格神を肯定するもので、「奇蹟」を信じる宗教だった。それに対して、儒教は完全に理神論の宗教である。渋沢は「造物主」という語を用いたが、造物主自体には全く関心を示していない。それが世界の初めにあったことは認めても、現実の世界や生きている人間に干渉してくる存在ではなかった。彼が信じていたのは、法則としての

「理」であり、それを保証する天に他ならない。

『青淵百話』の初版が同文館から出版されたのは一九一二（明治四十五）年六月のことだったが、同じ月に渋沢は、教育学者の成瀬仁蔵（一八五八〜一九一九）や宗教学者の姉崎正治（一八七三〜一九四九）らと共に、総勢十二名で「帰一《きいつ》協会」を設立した。この協会は、目標として「宗教統一」を掲げていた。統一というのは、種々の宗教を融合させ、世界共通の大宗教を新生させることを意味する。これが渋沢にとって如何に思い入れのある事業だったかは、次のような主張からも理解できる。

余は此の時よりして、各宗教を合同統一したる大宗教は起らぬであらうかと祈念して居たのである。固より學者でないゆゑ、これに就いて人を感動させるだけの意見を述べることは出來ぬから、澁澤は空想論に耽るものであると人に非難されるかも知れないが、假令《たとひ》余が唱導せぬ迄も何時かは此の説が社會に起りはせぬだらうか。〈中略〉何時か宗教も一色となり、何人にも信仰を持ち得るの時代が來ぬとも言はれぬ。これは果たして空想か、それとも實理か。［渋沢 1913：57-58］

現代において同様の提案を行ったとすれば、一笑に付されることは間違いない。しかし、設立当時、帰一協会は真剣そのものだった。渋沢の目論見は、もちろん儒教を中心として、神道や仏教、それにキリスト教を合一させようというものだったが、それはさすがに自らの信ずるところを優先し過ぎだろう。それにしても、諸宗教を習合させるという発想は極めて日本的であり、山本が「日本教」の特質の一つとした「断章取義」が、明治の終わりにもしっかり生きていたことが確認できる。

なお、日本発の帰一協会は、アメリカとイギリスでも創設されたが、当然ながら当初の試みは成功せずに消滅した。

迷信の排除と理神論

これまでに挙げた諸々の点からしても、渋沢は深く宗教的な人間だと判断する他ないが、本人は「余は宗教を好まぬ」と明言していた。これについて、渋沢は積極的な布教を伴う宗教に対して嫌悪感を示しているということを論じたが、もう一つ、彼が強烈に拒絶している要素がある。それは、本人の言葉でいうと「迷信」とされるものである。

> 語を換へて言へば信仰にも二種類あつて、迷信を含んだ信仰と、道理に合した信仰とが即ちそれであるが、余は後の信仰を持つけれども、前の信仰は持つことは出來ぬ。故に平生自分には迷信が無いと同時に、迷信は人を惑はせるものだから善くないことだと言つて居る。従つて世人から迷信的の談話なぞ聞かされることがあつても、極端にそれに反對し又其の說を打破して居るのである。［渋沢 1913：41］

この「道理に合した信仰」に類する表現は、渋沢が大変好んだようで、彼の書には頻出する。換言すれば、これは「合理的な宗教」を信じているということだが、そもそものようなものが存在するのだろうか。渋沢が信じる儒教も、天や「理」などという観念を用いている時点で、合理的という基準を一切満たしていない。「天命に安んずる」など、非合理極まりない目標である。それでもなお、渋沢は、自分は迷信とは距離を置いた人間だと信じているようである。さらにいえば、科学技術が進歩すれば、迷信などは世界から消え失せるだろうと予測している。

社會が開明になればそれらの思想も消滅して、理學の發達した國民の間には遂に迷信は根絶するであらうと思ふけれども、日本の如きは遺憾ながら未だそれだけに開明になつて居らぬ。獨り田夫野人の間に迷信が行はれつゝあるのみならず、動《やや》ともすれば世の識者と目せらるゝ人々が、却て之を助長せしめる様なことがまゝあつて困る。［渋沢 1913：45-46］

ここまで断言することから考えて、渋沢は自分の信ずる儒教のような宗教と、迷信とを明確に区別しているに違いない。そして、この区別には何らかの基準があるのだろう。
それでは、彼が迷信として非難し、排除すべきと考えているものは、具体的には如何なるものなのか。『青淵百話』によれば、無縁仏、柳の古木、稲荷の祠、古い刀剣、秩父のオオサキ狐、お岩様、穴森様などで、いずれも「人を祟る」と信じられているものだった。それらの祟りを収めるために、加持祈祷などが必要とされるが、渋沢はここを特に非難する。すなわち、人に悪さをする超自然的な存在を信じることによって、何者かが金を稼ぐという構図を見透かしているのである。布教と大教団を嫌う、渋沢らしい見方である。

　このようにみると、彼の嫌悪しているのは、科学で解明できない超越的存在全般ではなく、「金を生む超自然現象」だと理解できる。すなわち、反証不能なものを全て排除したいのではなく、祟りや「奇蹟」、預言や啓示といった、宗教家の金儲けが付随するものを批判しているのである。以上を踏まえると、渋沢の宗教観は、徹底した理神論であるといえるだろう。

　このような考え方を、彼は西欧に渡ったときに身に着けたとするのは、明らかな誤りである。彼は十五歳のときに、姉に無縁仏が悪さをしていると主張する遠加美講の修験者を論破した思い出を語っているが、これはもちろん渡欧前のことである。彼の理神論は、いうまでもなく石門心学からもたらされたものに違いない。

生涯にわたる水戸学への共感

　渋沢は、「天命に安んずる」とは、自らに与えられた仕事を懸命に行うことと捉えていたが、その際には私利と公益が一致するよう、心を砕くべきと説いていた。それでは、この公益とは具体的に何を指すのだろうか。

　この回答を得るためには、渋沢がどのような思想の持ち主だったかを、改めて確認する必要がある。山本は『近代の創造』の最後で、渋沢の内面について次のように述べている。

高崎城乗っとりの可否について、藍香邸の二階で尾高長七郎と三十六時間の激論をした彼の姿と、第一国立銀行総監役の彼とをこもごも脳裏に浮べてみれば、別人のように見える。しかし、「経営者的農民」の父から受けた教育と終生変らぬその父への彼の尊敬を思うと、そこには常に変らない一貫したものを感ずる。いわば外面的には時代に対応しているが、内面的に変らぬ継続性を保持しつづけている。［山本 1987：509-510］

現在、渋沢の著作は、ある意味で箴言集のように読まれることが多い。特に、企業経営者にとって、頼り甲斐のある道標となるようである。しかし、先の山本の言葉の通り、渋沢の思想的核心は、実は幕末以降一度も変化がない。つまり、倒幕を志した青年期から、実業家として八面六臂の活躍をし、教育や慈善事業に乗り出した老年期まで、本質は変わっていないのである。このことは、かつての主君である徳川慶喜の「冤罪」を晴らし、真実を後世に伝えるため、一九一八（大正七）年に『徳川慶喜公伝』（竜門社）を刊行したことからも窺えるものだろう。

彼の口述書『論語講義』において「朝《あした》に道を聞かば夕べに死すとも可なり」の解釈を語った箇所にも、このような言葉がある。

我が邦の尊王攘夷に奔走した人々とか、維新時代國事に盡瘁《じんすい》した志士とか申す方は、大抵自己の懐抱する主義を、士道卽ち孔子のいはゆる本章の道と信じ、この主義を實行するためには、たとへ一命を棄てて死んでも、敢て意に介せずとし、みな本章の「朝聞レ道。夕死可矣」

の章句を金科玉條として遵奉し、この章句に動かされて活動したのである。［渋沢述 1975：163］

この引用箇所に続くのは、自身の高崎城乗っ取り計画や、「安政の大獄」で刑死した橋本左内、梅田源二郎（雲浜《うんぴん》）、頼三樹三郎の尊王攘夷の説、また水戸浪士らによる「桜田門外の変」の話である。渋沢がこのようなことを語ったのは、幕末の志士たちの行為は全て「朝《あした》に道を聞かば夕べに死すとも可なり」の教訓に則っていることを伝えるためだった。なお、この項目の最後に、渋沢は「孔夫子はかかることを慫慂するために、この章句を説かれたものではない」と補足しているが、これは飽くまで当時の状況を慮ってのフォローに過ぎない。そうでなければ、ここで長々と志士の話を持ち出す意味が全くないからである。

渋沢は、水戸学に絡む「安政の大獄」及び「桜田門外の変」の話を、『青淵百話』でも取り上げている。第七十一話「服従と反抗」においてである。彼は「桜田門外の変」に参加した浪士たちについて、次のようにいう。

而して此の十八名は其の際に討死し、又は其の後に至りて戮せられたけれども、當時の賊徒却て明治の今日は志士と目せられ、招魂社《しょう》に合祀されたり、或は贈位された者が多い。のみならず此の一擧は、後人が櫻田義擧と稱し、最近に於て鏡川《きょうせん》岩崎英重氏は「櫻田義擧録」なる一書を著して、彼等の義擧を永遠に傳へんと企てた。福本日南《にちなん》氏の如きは、此の書に序して、服従は或る場合には出來ぬものだといふ意味に論じて居る。［渋沢 1913：528-529］

渋沢が老境に至っても水戸学に強いシンパシーを感じていたことは、これを読めば明らかだろう。巧妙に他者の意見などを用いて語っているが、「桜田門外の変」を僅かでも否定的に捉えている者が、「義挙」なる語を用いた書名を紹介することなど、到底考えられない。

忠君愛国と安心立命

また、『青淵百話』における次の主張を読んでも、山本が喝破した通り、渋沢の精神性が幕末から不変だったことが理解できる。

「公ニ奉ズル事ヲ疎外ニスベカラズ」とある、所謂「奉公」とは何の意であるかといふに、これは愛國忠君の結果であらうと思ふ。愛國忠君といふことは、或る程度迄自我心とか、利己心とかいふものを犠牲にして居るもので、絶對的に私利私慾を思ふ人には、愛國心も忠君の情もあり得べからざる所である。即ち愛國忠君とは、總て私の反對に公なることであるから、眞實愛國忠君の心ある人は、謂ふまでも無くこれ公に奉ずるの人である譯だ。［渋沢 1913：94］

同書第十二話の表題は、「忠君愛國」である。一話全てをこの主題に割いているにも拘わらず、その内容が渋沢を語る際に取り上げられることは、極めて稀である。しかし、これは彼の思想、特に「仕事の思想」を知る上で、最重要箇所と捉えるべきものといえる。

渋沢は繰り返し、私利と公益は一致しなければならないと説いたが、この公とは具体的には何を指しているのだろうか。答えは、「皇国」である。日本という国ではなく、より限定的に、天皇が頂点にある日本のことだった。

先の引用箇所でも、明確に「公に奉ずるの人」とは「眞實愛國忠君の心ある人」と述べている。ここで、「愛國」に「忠君」が付加されていることを見逃してはならない。やはり、藍香から教え込まれた水戸学は、老境に至った渋沢の中でも生き続けていた。

ただし、彼の主張する忠君愛国は、後の超国家主義とは全く異なる。日本に生まれ、日本に暮らす者は、日本に対する愛国心と天皇に対する忠義心を持つべきと主張しているのみだからである。そして、他国の人々には、それぞれの国に合う愛国の形式があると主張している。同じ第十二話の「愛國心は國民自然の道也」の項をみれば、そのことは明らかである。


凡《およ》そ人が世の中に生存しつゝある根本を考ふるに、決して其の人一人あるが爲でもなく。其の人の家庭がある爲でもない。個人の共同團體たる社會あり、社會あつて然る後に又國家あり、斯くして人間は安全に此の世の中に處してゆくことが出來るのである。故に此の意味を擴充《かくじゅう》して論ずる時は、社會の一員、國家の一民たる以上、何人も一國一鄕に對し我がものであるとの覺悟を持たねばならぬこと、思ふ。總《すべ》て人は自己の生れて生存しつゝある國に對し、自然と固有の權利義務がある筈である。例へば日本人ならば日本の國に對して自ら權利

と義務とを持つ。英國人なら英國に對して必ず國民たるの權利もあれば義務もある。［渋沢 1913：91-92］

すなわち、「公＝皇国」のために懸命に働くこと、それが渋沢のいう私利と公益の一致した仕事なのである。実際に彼は、国益に適う仕事が目前にあれば、疑念を一切挟むことなく、粛々と行った。それこそが「天命に安んずる」姿勢であると確信していたからである。

天という超越的存在に従う、この生き方は、彼を安心立命の境地に到達させるものだった。あるいは、そこに到達させると確信させるものだった。これを知れば、渋沢の「仕事の思想」は、性質的に「正三―梅岩―石門心学」の系譜に、そのまま乗るものというしかない。仕事とは本質的に、「精神の安寧＝救済」を獲得する手段に他ならない。日本における「仕事の思想」の中核に据えられていたのは、この「救済」なのである。

山本は、『日本資本主義の精神』に、このような戦時中の話を記している。

日本軍の捕虜となり、日本人の中で生活したアメリカ人の軍医中佐の日記が、戦争裁判の証拠として、フィリピンの戦犯法廷に提出されたが、その中で、私にとって興味深かったのは、日本人が精神的に不安になると、一種の安心感を求めて、そのために働きだす、という記述である。確かに、戦場は不安である。敗戦が意識されだすと、よけいに不安になる。そのとき、この不安を打ち消すために、自給の名目の下に、全く無意味な耕作をはじめる。彼はそれを不思議がる。しかし、それを行なっている農民出身の兵士は、耕作そのものに一種の安心立命を求め、それによって、いや応なく迫ってくる不安を心理的に防いでいる。〔山本1979b：226〕

これも、日本人の中に、仕事によって安心立命を求める精神性が備わっていることを表すエピソードといえるだろう。戦時中ではなくても、人生には必ず不安や心配が付きまとう。仏教では、その最たるものを「四苦」、すなわち「生老病死」と捉えたが、このような難問を解消するのが宗教であるのならば、日本人にとって、仕事は強烈な宗教性を帯びたものというべきなのかも知れない。

渋沢本人も、天命に従い、忠君愛国の姿勢をもって仕事に打ち込むことで、安心立命を得ようとしていた。儒教以外の宗教を受容していないかのように語っていたが、「忠君」という徳目を強調したことからは、水戸学と、そこに強く込められていた「神道的なるもの」が、彼の中に息衝いていたことが窺える。あるいはこの「神道的なるもの」は、ハビアンのいう「ナツウラの教へ」に近いといえるかも知れない。

その点で、「總て人は自己の生れて生存しつゝ、ある國に對し、自然と固有の権利義務がある筈」という渋沢の言葉は重要である。この説明は、全く合理的なものとはいえない。最も重要な理由付けを放棄し、「自然と」という語で接続してしまっているからである。

全てが「自然」であるべきで、これを決して阻害しないこと――この姿勢は、山本が「日本教」という用語で指し示すものと、完全に一致する。近代日本を「創造」した傑物の「仕事の思想」に、西洋から輸入した要素はほとんどみられない。それは見事なまでに、この国における伝統を受け継いだものだった。

結言

私が初めて山本七平の著書を読んだのは、大学生になって間もなくの、一九九三（平成五）年頃のことだった。その時期、自らの関心は西欧の哲学書にばかり向いていたが、何かのきっかけで教員に薦められて、文庫版の『「空気」の研究』を購入したと記憶している。しかし、一通り読みはしたものの、何か感銘を受けるようなことはなかった。ただ、タイトルのインパクトと、戦時中に関する話だけは、何となく頭に留まっていた。

山本に心から驚かされたのは、大学で思想史学を講じるようになって以降であり、具体的には今から十年ほど前のことだった。その少し前から、石門心学者の布施松翁の調査、研究を行っていた私は、先行研究があまりに少ないことに驚いていた。これほど重要な思想家に対して、アカデミズムがほとんど関心を持ってこなかったことに、呆れもしていたのである。

結局、松翁に関しては、研究の現状報告とでもいうべき論文を一本書き上げたが、その直後、全く偶然に山本の『勤勉の哲学』を読むことになる。これには、大袈裟ではなく、衝撃を受けた。山本は、松翁の思想の独自性を「唐繰論」として析出し、それが石門心学の展開の中で、そして日本の「仕事の思想」の中で、如何なる意味を持つのかを明確に論じていたのである。そこには、専門の研究者すら全く手を付けていなかった論点が、見事なまでに整理されていた。彼が長らく評価され続けている理由を、ここで思い知らされた。

山本は、疑念の余地なく独学の人である。独学の道には、何ものにも縛られない自由が担保されているが、優しく手を引いて導いてくれる師も存在しない。だから、ひたすら書を読み続けても、自らの探し求めている情報や議論に出合える保証はない。この困難な独学の道を、山本は寡黙に歩み続けて、自分の中で納得できるまで考え抜いたのだろう。彼が書き手として世に出たとき、既に四十九歳になっていた。

しかし、膨大な読書量と、それに伴う思考と反省の日々は、彼をして、他に類をみない思想家に育て上げていた。それはちょうど、無料の講義を始めた頃の石田梅岩を思わせる。実業の世界に長く関わり、「世間という書物」から多くを学んでいたことも、梅岩の人生に重なるものがある。

自分が納得できるまで考え抜かれた山本の議論は、だからこそ今読んでも得るものが多い。彼の本はどれをとっても、最も厳しい読者である自分に対して、説得を試みるような雰囲気がある。そのため、因果関係を明らかにすることには、特に気を遣っているように感じられる。

しかし一方で、先行研究があまり踏まえられていない部分があったり、複数の議論の中で整合性を欠いてしまう箇所があったりするのも、また否定できない。具体的な例を一つ挙げると、『勤勉の哲学』における松翁の項においては、山本本人が梅岩の解釈のところで述べていた理神論の話を忘却してしまっていて、おそらく無意識に「神＝人格神」という前提で議論を進めている箇所がある。これは山本が健在であれば、是非本人に確認したいものだが、それが叶わないため、山本の論理を用いた上で、本書では修正を施した。

また、彼が亡くなって以降、特に江戸時代についての研究は目覚ましく進歩した。そこで本書では、そのような知見を加えて、幾つか議論を補強することも試みた。わかり易いところでいえば、江戸時代の階級に関する認識である。かつて、士農工商は上から階級の順序を表すものとされ、そのことから商人はこの四つの中では最も下に置かれていたと考えられていた。しかし、現在の研究では、士と農工商の間に差はあっても、農工商の間には序列がなかったことが明らかになっている。

同じように、『莫妄想《ばくもうそう》』(出版年不詳)という書に関する取り扱いの部分も、今回修正した上で話を進めた。山本はこの書を梅岩の筆によるものとして議論しているが、現在はその史料的裏付けが全くないことから、偽書として扱われている。同書は、かつて正三の著作だと考えられていたが、後に梅岩のものらしいと改められ、最後には偽書という位置に転落してしまったという、何とも不幸な過去を持つものである。

また、この書が罪深いのは、梅岩の他の書にみられない禅の要素が前面に押し出されていることだった。山本はこの内容に基づいて、正三と梅岩、あるいはその先の石門心学まで禅で繋いでしまっているところがあるが、これはやはり現在では通用しない内容である。この点も、適宜修正して、議論を再構築しておいた。

それでいうならば、本書で最も力を注いだのは、渋沢栄一の項である。山本は、渋沢の思想の分析に一部着手しているが、完了させることなくこの世を去った。私は今回、山本の「日本教」

の概念と、彼の江戸時代の思想史に関する考え方を持ち込んで、渋沢の思想の主要な箇所の解釈を試みた。山本本人が気に入ってくれるかどうかは甚だ不安なところだが、これはささやかながら、私が彼から種々の書を通して受けた「学恩」に報いるつもりで行ったものである。

なお、山本の書でも、また本書でもやや踏み込みが不足しているのが、神道、及び水戸学についての考察である。本書は主題からして、これ以上、その話を広げることができなかったが、読者の参考に供するためにも、一つだけ興味深い説明をここに引いておきたい。出典は、山田孝雄『神道思想史』（一九四三）である。

名前といふものは他の者が附けるので自分が附けるものではない。それだから神道といふものは初めから名前は要らぬ。一人息子に名前は要らぬ。脇のものが出て來るから名前を附ける必要が起る。是と同じやうに、神道といふ言葉も其の通り、佛法に對して始めて名づけられたものであつて、茲《ここ》に神道といふ名前を附けられるやうになつたといふことは、是既に神道思想の變遷であり、神道思想史が茲に始まる。［山田 1943：18-19］

山本が亡くなって、今年でちょうど三十年である。このような時期に、彼が生涯探求し続けた「仕事の思想」について、一冊の本を出せることを、この上なく嬉しく思っている。この素晴らしい機会を与えて下さったＰＨＰ研究所、及び編集の労を執って下さった同研究所の藤木英雄さんに心より感謝申し上げる次第である。

本書の内容が、全ての働く人々の将来に利する内容になっていることを願いつつ。

二〇二一年六月

森田　健司

【引用・参考文献一覧】

山本七平　1975a『私の中の日本軍（上）』（文藝春秋）
――――　1975b『私の中の日本軍（下）』（文藝春秋）
――――　1977『「空気」の研究』（文藝春秋）
――――　1978『受容と排除の軌跡』（主婦の友社）
――――　1979a『勤勉の哲学――日本人を動かす原理』（ＰＨＰ研究所）
――――　1979b『日本資本主義の精神――なぜ、一生懸命働くのか』（光文社）
――――　1987『近代の創造――渋沢栄一の思想と行動』（ＰＨＰ研究所）
――――　1989a『日本人とは何か。（上）』（ＰＨＰ研究所）
――――　1989b『日本人とは何か。（下）』（ＰＨＰ研究所）
――――　1990『江戸時代の先覚者たち』（ＰＨＰ研究所）
――――　1992『静かなる細き声』（ＰＨＰ研究所）
山本七平・小室直樹　1981『日本教の社会学』（講談社）
ベンダサン、イザヤ著、山本七平訳編　1976『日本教徒』（角川書店）
石川謙校訂　1935『校訂 道二翁道話』（岩波文庫）
――――　1975『石門心学史の研究』（岩波書店）

【引用・参考文献一覧】

石田梅岩　1972a『都鄙問答』、柴田實編『石田梅岩全集（上）』（清文堂出版）所収
――――1972b『斉家論』、柴田實編『石田梅岩全集（上）』（清文堂出版）所収
稲垣武　1997『怒りを抑えし者――「評伝」山本七平』（ＰＨＰ研究所）
海老沢有道訳　1964『南蛮寺興廃記・邪教大意・妙貞問答・破提宇子』（平凡社）
――――校注　1970『破提宇子』、海老沢有道・チースリク、Ｈ・土井忠生・大塚光信校注『日本思想大系25　キリシタン書　排耶書』（岩波書店）所収
エリアーデ、ミルチャ著、風間敏夫訳　1969『聖と俗――宗教的なるものの本質について』（法政大学出版局）
加藤みち子編訳　2015『鈴木正三著作集（Ⅰ・Ⅱ）』（中公クラシックス）
金谷治訳注　1975『荘子（第二冊）』（岩波文庫）
熊澤蕃山　1971「集義和書」、後藤陽一・友枝龍太郎校注『日本思想大系30　熊沢蕃山』（岩波書店）所収
見城悌治編著　2018『帰一協会の挑戦と渋沢栄一――グローバル時代の「普遍」をめざして』（ミネルヴァ書房）
河野省三　1940『近世に於ける神道的教化』（国民精神文化研究所）
小室直樹　1992『日本資本主義崩壊の論理』（光文社）
逆井孝仁　2006「石門心学における実践倫理の転回」、今井淳・山本眞功編『石門心学の思想』（ぺりかん社）所収
佐久間正訳　1966「一六〇七年のムニョス報告書」、『キリシタン研究（第十一輯）』（吉川弘文館）所収
柴田實　1967『心学』（至文堂）
――――1977a「石田梅岩と神道」、『梅岩とその門流』（ミネルヴァ書房）所収
――――1977b「小栗了雲伝記考」、『梅岩とその門流』（ミネルヴァ書房）所収

――編 1972a『石田先生語録（上）』、『石田梅岩全集（上）』（清文堂）所収
――編 1972b『石田先生語録（下）』、『石田梅岩全集（下）』（清文堂）所収
――編 1972c『石田先生語録（補遺）』、『石田梅岩全集（下）』（清文堂）所収
――編 1972d『石田先生事蹟』、『石田梅岩全集（下）』（清文堂出版）所収
――編 1973『増補 手島堵庵全集』（清文堂出版）
渋沢栄一 1913『青淵百話』（同文館）
――述 1927『論語と算盤』（忠誠堂）
――述 1975『論語講義』（明徳出版社）
渋沢栄一述、長幸男校注 1984『雨夜譚――渋沢栄一自伝』（岩波文庫）
志村有弘訳 2017『現代語訳 応仁記』（ちくま学芸文庫）
釈徹宗 2009『不干斎ハビアン――神も仏も棄てた宗教者』（新潮選書）
鈴木正三 1962a『盲安杖』、鈴木鉄心編『鈴木正三道人全集』（山喜房仏書林）所収
―― 1962b『万民徳用（含・四民日用）』、鈴木鉄心編『鈴木正三道人全集』（山喜房仏書林）所収
―― 1962c『破吉利支丹』、鈴木鉄心編『鈴木正三道人全集』（山喜房仏書林）所収
鈴木正三著、鈴木大拙校訂 1948『驢鞍橋』（岩波文庫）
鈴木大拙 1968『霊性的日本の建設』、久松眞一・山口益・古田紹欽編『鈴木大拙全集（第九巻）』（岩波書店）
長幸男 1984「解説」、『雨夜譚――渋沢栄一自伝』（岩波文庫）所収
東條操校訂 1941『物類称呼』（岩波文庫）
トーランド、ジョン著、三井礼子訳 2011『秘義なきキリスト教』（法政大学出版局）
中野三敏 1976「増穂残口の人と思想」、野間光辰校注『日本思想大系60 近世色道論』（岩波書店）所収

【引用・参考文献一覧】

伴蒿蹊著、中野三敏校注　2005　『近世畸人伝』（中央公論新社）
尾藤正英　1975　『元禄時代』（小学館）
ヒューム、デイヴィッド著、神野慧一郎・林誓雄訳　2019　『道徳について――人間本性論3』（京都大学学術出版会）
平田篤胤　1945　『俗神道大意』（日本電報通信社出版部）
深尾京司・中村尚史・中林真幸編　2017　『日本経済の歴史 2 近世』（岩波書店）
藤木久志　2005　『新版 雑兵たちの戦場』（朝日新聞出版）
布施松翁　1936　『松翁ひとりごと』、石川謙校訂『松翁道話』（岩波文庫）所収
フリデンソン、パトリック・橘川武郎編　2014　『グローバル資本主義の中の渋沢栄一』（東洋経済新報社）
文化庁編　2020　『宗教年鑑（令和二年版）』（文化庁）
増穂残口　1976　『艶道通鑑』、野間光辰校注『日本思想大系60 近世色道論』（岩波書店）
――――　1980a　『艶道通鑑』、財団法人神道大系編纂会編『神道大系 論説編二十二 増穂残口』（精興社）所収
――――　1980b　『神国増穂草』、財団法人神道大系編纂会編『神道大系 論説編二十二 増穂残口』（精興社）所収
丸山眞男　1998　『丸山眞男講義録（第一冊）』（東京大学出版会）
山田孝雄　1943　『神道思想史』（明世堂書店）
山本眞功編註　2001　『家訓集』（平凡社）

〈著者略歴〉

森田健司（もりた・けんじ）

兵庫県生まれ。京都大学経済学部卒業。京都大学大学院人間・環境学研究科博士後期課程単位取得退学。博士（人間・環境学）。2017年より、大阪学院大学経済学部教授。専門は江戸時代の社会思想史。石田梅岩、石門心学の専門家として、多数の研究論文がある。著書に『石門心学と近代』（八千代出版）、『石田梅岩』（かもがわ出版）、『なぜ名経営者は石田梅岩に学ぶのか？』（ディスカヴァー・トゥエンティワン）、『江戸の瓦版』『西郷隆盛の幻影』（以上、洋泉社・歴史新書y）、『江戸暮らしの内側』（中公新書ラクレ）、『明治維新 偽りの革命』（河出文庫）などがある。

山本七平と「仕事の思想」
私たち日本人の「働き方」の源流へ

2021年9月21日　第1版第1刷発行

著　者　森　田　健　司
発行者　後　藤　淳　一
発行所　株式会社ＰＨＰ研究所
東京本部　〒135-8137　江東区豊洲5-6-52
出版開発部　☎03-3520-9618(編集)
普及部　☎03-3520-9630(販売)
京都本部　〒601-8411　京都市南区西九条北ノ内町11
PHP INTERFACE　https://www.php.co.jp/
組　版　朝日メディアインターナショナル株式会社
印刷所
製本所　図書印刷株式会社

ISBN978-4-569-85032-0